Der Ort

Was du gesucht hast,
von dem du immer wusstest,
dass es möglich ist

Gary M. Douglas

ACCESS CONSCIOUSNESS PUBLISHING

Originaltitel: The Place
Zweite Ausgabe
Copyright © 2013 Gary M. Douglas
Erste Ausgabe von Big Country Publishing 2011
Access Consciousness Publishing
www.accessconsciousnesspublishing.com

Der Ort
Copyright © 2021 Gary M. Douglas
ISBN: 978-1-63493-510-4
Access Consciousness Publishing

Umschlagbild: Stephen Outram

Innengestaltung: Anastasia Creatives

Übersetzt aus dem amerikanischen Englisch von Corinna Kaebel

DANKSAGUNGEN

Dona Haber ist eine außergewöhnliche Herausgeberin, die versteht, was ich wirklich tue.

Mein besonderer Dank gilt Dain Heer, Simone Milasas, Nancy O'Connor, Wendy Hart und Vanitha Subramaniam.

Dank an Stephen Outram, der eine großartige Webseite und ein ansprechendes Umschlagbild gestaltet hat und ein Mensch ist, der auf eine Weise beiträgt, um die er noch nicht einmal weiß!

Besonderer Dank an alle Frauen in meinem bisherigen Leben, die mir gezeigt haben, was sein könnte, was sein sollte und was nicht existiert.

KAPITEL EINS

Als ich durch den Pinienwald fuhr und der Wind mir um die Ohren pfiff, war das Dröhnen des Motors meines 1957er Thunderbirds eine süße Erinnerung an vergangene Zeiten, als das Leben langsamer und Technologie nicht die Quelle des Lebens war.

Schon seit zwei Stunden hatte ich kein Auto auf dieser abgelegenen Landstraße nach Idaho gesehen. Warum Idaho? Ich weiß es nicht mehr, da war nur diese Erinnerung von vor so vielen Jahren, an die Stille, die Ruhe, die Pinien, die ruhigen Bäche und dieses eine Mal, als ich an einer Kreuzung ins Nirgendwo anhielt und das einzige Geräusch das Flüstern des sanften Windes in den Bäumen, ein einsamer Vogel und das Knattern des Motors war. Einer dieser tiefgehenden Momente, wenn die Seele sich in die Lüfte erhebt, der Verstand sich öffnet und die Intensität des Raumes einen inneren Frieden widerspiegelt, der verloren geht, wenn man in die Welt der Flugzeuge, Züge und des unaufhörlichen Geratters und Geklappers zurückkehrt.

Die Jahre seither waren mit allem angefüllt gewesen, was als richtig gilt im Leben. Die Hochzeit – das schöne, dunkelhaarige, lustige, lachende Mädchen, das während der langen Nächte der Normalität verschwand – diese irrwitzigen Versuche, so zu sein wie andere, die das Sein ersticken und uns zur gedemütigten Unzulänglichkeit des Niedazugehörens formen, während wir uns doch immer so sehr bemühen, normal zu sein.

Das Kind – das süße Versprechen, dass die Welt besser sein wird; denn es wird, wie Jesus, die Welt retten, oder zumindest die unsere. Was für eine Last für diese schmalen, weichen Schultern. Das Lächeln heilt; die Freude des Lebens mindert die Qual und Monotonie des Immergleichen, während die Aufgaben des Lebens die eigenen Freuden ersticken.

Die Scheidung – was wir aneinander lieben, stirbt mit jedem Tag, an dem wir uns selbst zwingen, in die Schublade stumpfsinniger Arbeit und des sich selbst blendenden Gemetzels der „wahren Welt, der realen Welt, des echten Lebens" hineinzupassen, und die Träume, die Möglichkeiten und die Freuden in eine Vergangenheit entschwinden, die andere als unwirklich, dumm, verrückt, hoffnungslos und schlichtweg falsch bezeichnen.

Nun fahre ich, und der Wald und die Bäche und der Wind beglücken mich mit ihrer Energie und der Abwesenheit von Bewertung, umfangen mich mit den Geschenken von Schatten, Geruch, Licht und prickelnder Zufriedenheit mit dem Leben.

Ich fahre hinter ein paar verkrüppelten Weiden von der Straße ab, wo offensichtlich schon andere vor mir angehalten haben und der Abfall ihrer kurzen Rast einen befremdlichen Mangel an Sorgfalt und eine törichte Missachtung von

Schönheit und Ruhe bezeugt. Wahrscheinlich sind dies dieselben wunderbaren Leute, die zum Campen in den Wald gehen und ihre Ghettoblaster- und Bierkultur an die Grenze der Stille mitnehmen, um den Raum aufzulösen und die Begrenzungen des Gewahrseins zu schaffen und die Mängel des Lebens erträglich zu machen.

Ich sitze im Auto – habe ich erwähnt, dass ich das Verdeck zu Hause gelassen habe? Das Wetter wird entscheiden, wann ich Pause mache. Während ich dort sitze, beginnt die Stille meine müde Seele und meinen Körper auf eine Art zu beruhigen, wie ich es nicht mehr erlebt hatte, seit ich das letzte Mal hier unterwegs war. Ich öffne die Tür und lasse mich aus dem Auto gleiten; vor mir liegen ein langsam dahinplätschernder Bach und ein sandiges Ufer; ich schlüpfe aus meiner Kleidung und gehe langsam ins Wasser. Es ist frisch, selbst so spät im Sommer. Meine Gänsehaut verrät mir, dass ich immer noch am Leben bin; ich gehe auf den Felsen zu, der gut einen halben Meter unter der Wasseroberfläche liegt. Während ich mich hinsetze, bringt mich das kalte Wasser in meinem Schritt zum Stolpern, und ich falle ins Wasser. Ich tauche mit derselben Freude wieder auf wie mein kleiner Junge, wenn er in der Brandung oder im Pool spielt. Plötzlich vermisse ich sein Lächeln, seine Küsse und sein „Papa, ich hab dich so lieb", dem Umarmungen und Wünsche nach Spielzeug folgen. Ich sitze auf dem Felsen und mir laufen die Tränen übers Gesicht.

Je mehr die Stille und der Frieden des Baches mich und meinen Körper mit diesem Gefühl umfangen, endlich irgendwo, irgendwie und auf irgendeine Art hinzugehören, beginnt sich die Spannung aufzulösen und die kleinen Fische knabbern an mir herum, als würden sie dort ihre nächste Mahlzeit finden. Für mich ist das die Wahrnehmung, die ich abgeschaltet habe, um nicht das nagende Bewusstsein spüren zu müssen, dass ich in der Lage sein sollte, in der angeborenen sinnlichen Perversion zu schwelgen, die unsere Körper genießen. Die Tränen, die diesem Süßwasserbach Salz spenden, der sich, wie das wahre Leben, auf die einfachste und so wohltuende Weise dahinschlängelt, die niemand in der lärmenden Welt des Menüs ohne Wahl lebt, diesem Menü, das zu viel Auswahl hat, damit wir keine Wahl als Wirklichkeit und als Leben treffen können. Plötzlich weicht die Dummheit der Nicht-Wahl einem Ausbruch an Gelächter, das das Gewahrsein des Einsseins kreiert, dass ich zur Natur gehöre und Teil des Stroms des Lebens bin und dass er und ich dasselbe sind. Ich habe mich immer abgetrennt und alleine gefühlt und weiß nun endlich, dass ich dazugehöre und dass der Schmerz, den ich als größer als ich erlebt habe, eigentlich die unsägliche Dummheit ist, dieses Gefühl größer als mich zu machen, um tatsächlich zu glauben, ich hätte keine Wahl.

Was nun? Ich sitze an diesem wundervollen Ort und ruhe mich aus, während ich die Vergangenheit ins Wasser abfließen lasse. Hinter der Biegung des Baches gleitet geräuschlos eine schöne Wildentenmutter den Bach hinunter, gefolgt von ihren goldigen Entlein, einer stillen Schar geballten Lebens, der ich mich nahe fühle. Ich sitze hier mit meinem Raum, der größer ist, als ich je für möglich gehalten habe, und diese niedlichen Geschöpfe sehen keine Bedrohung in mir. Offensichtlich hat mein Geruch nichts Fremdes mehr, und sie nähern sich mir; die Kleinen betrachten mich mit Neugier und kommen näher, um herauszufinden, was ich bin. Meine Hände, die mit der Strömung treiben, sehen plötzlich wie ein Landeplatz aus, und die kleine Ente, die am vorwitzigsten ist, klettert auf meine Hand, während ihre kleinen Krallen sich haltsuchend festklammern. Dieser leichte Schmerz ist nichts im Vergleich zu dem Schmerz, den ich größer gemacht habe als die Wahl meines Lebens. Ein Lachen bricht aus einem Ort hervor, von dem ich nicht einmal wusste, dass er existiert, ein Ort ohne die Fähigkeit, mich abzutrennen oder zu bewerten, wo ich beginne und andere aufhören.

Die Entenmutter fliegt auf, und die Babys, die noch keine Federn haben, um es ihr nachzutun, flattern eifrig und strampeln heftig in ihrem Bedürfnis, vor diesem seltsamen Wesen zu fliehen, das in seiner Freude viel zu viel Lärm macht.

Nachdem sie verschwunden sind, hebe ich meinen Körper aus der köstlichen Kühle, die irgendwie alles besser erscheinen lässt, und mache mich auf den Weg zu meinem Auto.

Die pralle Sonne und die liebkosende Brise beginnen meinen Körper zu trocknen. Ich ziehe meine Hose an, die sich plötzlich zu eng anfühlt nach der Freiheit und der Freude, mit dem und als der Bach zu fließen; ich ziehe mein T-Shirt an und bemerke plötzlich, wie sich die Muskeln anspüren, die sich das erste Mal seit sieben Jahren wieder wünschen, gestreichelt zu werden.

Ich steige ins Auto und starte es; ich genieße wieder das Rumpeln dieser herrlichen alten Schönheit, die immer ein Geschenk an Ausgelassenheit und Spaß ist, das mir bis heute nur das Autofahren gegeben hat. Das wahre Geschenk des heutigen Tages ist, dass ich irgendwie das Ich gefunden habe, von dem ich wusste, es müsse existieren, das jedoch bisher nicht existiert hatte.

Zurück auf der Straße jage ich durch das gesprenkelte Licht der schwindenden Sonne, nehme das Vogelgezwitscher wahr, das ich vor dem Bach aus meinem Gewahrsein ausgeblendet hatte, und bemerke, dass die Brise und der Wind und die Gerüche der Bäume nun von der Intensität der Sommertrockenheit und dem kaum wahrnehmbaren Kompost aus herunterfallenden Blättern und würziger Erde untermalt werden, die bezeugen, dass ich dazugehöre.

Als die Sonne zwischen den hohen und eleganten Bäumen verschwindet und es kühler wird, denke ich an die ruhige Jazzmusik, die einst die Quelle solcher Wohltat für meine Seele war, und ich reiche hinüber zum Handschuhfach, dem Versteck für die hochkarätige Stereoanlage, die ich nur hatte installieren lassen, um meine Frau zu ärgern, und ziehe die CDs heraus, die, so bin ich mir sicher, zur Stimmung dieses Neuanfangs passen. Ich fahre, während sich der sanfte Mantel der Dunkelheit über mich legt und die Scheinwerfer zur Gesamtheit von Raum und Zeit werden. Minuten werden zu Stunden, und ich fahre immer noch.

Bisweilen kommt mir ein anderes Auto entgegen, ein flüchtiges Aufblitzen einer größeren Perspektive, das an den nicht nur hinter mich gebrachten, sondern erlebten Tag erinnert.

Die CD endet auf einer dieser klagenden Noten, so als hätte auch ich eine unbekannte Vollendung erreicht. Ich greife nach einer anderen CD und lasse sie fallen – ach, Mist, ich hasse es, wenn ich das tue – ich reiche hinunter auf den Boden der Beifahrerseite, ertaste die CD und setze mich wieder auf. Direkt vor mir steht ein Fünfender, im Scheinwerferlicht erstarrt.

Ich reiße das Lenkrad herum, um ihn nicht zu erwischen, und vor dem Auto sind nur große Felsbrocken und keine Ausweichmöglichkeit. Ich steige auf die Bremse, das Auto schlittert über den Schotter auf den Rand zu, und dann rutsche ich über den Rand direkt in die Felsen, und mein Auto ist nur noch das Kreischen berstenden Metalls und das Knirschen der Tür neben mir, mein Körper wird in die Dunkelheit hinausgeschleudert, und ich lande mit dem Rücken auf harter und feindseliger Natur, während mein Atem mit der Wucht der Schwärze ausgestoßen wird, die meinen Verstand abschirmt vor dem, was zu fühlen ich nicht ertragen kann.

Mit einem Schmerzensschrei werde ich mir plötzlich des Halblichts gewahr, das mich blendet. Es ist der einzige verbliebene Scheinwerfer meiner geschundenen Schönheit, dem Auto, das die letzte Hoffnung und das Versprechen von etwas Besserem gewesen war. Ich krächze einen schwachen Hilferuf hervor. Die einzige Antwort ist das Verstummen der Grillen und Nachtinsekten und der leise Ruf einer Eule in der Ferne. Zeit, Bilanz zu ziehen. Okay, ich bin ohnmächtig gewesen. Mein Auto ist von der Straße abgekommen. Es gibt nur ein Licht, und das ist ziemlich schwach, also war ich vielleicht lange bewusstlos. Die Straße liegt über mir, wird mich jemand sehen, wenn er vorbeifährt? Ich liege auf dem Rücken: Was kann ich bewegen? Mein linker Arm ist frei und die Hand bewegt sich, die rechte scheint in etwas festzuhängen und ist eingeschlafen, aber sie schmerzt; ich versuche, sie zu bewegen, und als sie unter meinem Körper hervorrutscht, steigert sich der Schmerz und das Schwarz umhüllt mich erneut.

Ich öffne die Augen und das Licht des Scheinwerfers ist noch schwächer geworden – wie lange braucht eine Batterie, um sich zu entladen, wie lange ist es her? Ich trage keine Uhr mehr, seit mein Leben aus den Fugen geriet. Ich strecke meine rechte Hand aus und direkt hinter meinem Ellbogen ist ein kleiner Schössling, etwa 7,5 cm dick. Wenn ich den mit meiner linken Hand erreichen kann, kann ich mich vielleicht die Straßenböschung emporziehen. Ich greife mit meiner Linken danach, der Schmerz ist fast unerträglich, doch ich habe beschlossen, dass ich nicht mehr bewusstlos werde, also tue ich es auch nicht. Ich greife nach dem Baum, und als ich mit aller Kraft ziehe, beginnt sich mein Körper umzudrehen, und wieder wird mir schwarz vor Augen, soviel zu meinem Beschluss.

Wieder wache ich auf, das Licht von meinem Auto ist nun nur noch der Glühfaden, der warm und schwach aussieht. Nun, immerhin liege ich mit dem Gesicht nach unten und habe sogar den Mund voller Schotter, und plötzlich wird mir klar, dass es lange her ist, seit ich etwas gegessen habe. Ich strecke beide Hände nach oben und suche nach etwas, woran ich mich die Böschung hochziehen kann. Ein kleiner Busch zu meiner Rechten. Ich greife danach und ziehe, und der Busch löst sich von der Böschung. Die Linke tastet – und findet nichts. Gut, mit beiden Händen im Boden festkrallen und ziehen – der Boden gibt nach und mein Körper bewegt sich nicht. Bitte, mach, dass mich jemand findet, bitte Gott, lass jemanden kommen. Erstaunlich, wie religiös ich in Momenten der Hilflosigkeit sein kann.

Ich versuche, mich mit den Beinen abzustoßen. Langsam ziehe ich mein rechtes Bein hoch, oder zumindest behauptet dies mein Gehirn, aber nichts geschieht. Bitte lass jemanden zu Hilfe kommen. Ich versuche es wieder und ziehe mit meinen Händen, grabe meine Zehen in den Boden und schiebe, und die Schwärze umfängt mich wieder mit ihren sanften Armen.

Ich spüre eine zarte kleine Hand – ist das eine Illusion oder versucht mein Sohn, mich aus einem Alptraum aufzuwecken? „Mister, brauchen Sie Hilfe?" Wie ein Echo erklingt auf meiner anderen Seite eine ähnliche, leise Stimme … „Mister, sollen wir Ihnen helfen?" „Wo seid ihr hergekommen, Kinder?"

„Von dem Ort, wo alles möglich ist."

„Könnt ihr bitte Hilfe holen?"

„Natürlich, Mister." Sie antworten im Chor, als seien sie dieselbe Stimme in Stereo von verschiedenen Seiten meines Kopfes.

„Möchtest du gehen?", fragt die rechte Stimme. „Warum gehst du nicht?", meint die linke. „Du weißt, dass wir lieber beide gehen sollten", so die rechte. „Ja, klar, weil du weißt, was sie brauchen werden", sagt die linke. „Oh, ja", antwortet die rechte. Eine kleine Hand senkt sich auf mein drittes Auge und die sanfte Stimme dieses Kindes sagt: „Schlafen Sie nun, Mister, wir kommen zurück mit unserer Schwester und unserem Onkel, schlafen Sie nur, schlafen Sie", und plötzlich bin ich wieder, wie durch Magie, Opfer der Schwärze.

Wieder wache ich auf, der Frühnebel über dem Boden filtert das Licht, und ich liege auf dem Rücken. Ich blicke in die schönsten blauen Augen, die zu einem strahlenden Gesicht gehören, das von der Sonne geküsst und von den Göttern früherer Tage gesegnet wurde. Ihr Lächeln und ihre vollkommene Sorglosigkeit sind irgendwie unheimlich tröstlich. „Wer bist du?", frage ich.

„Mein Name ist Ruth, wie in der Bibel." Ihr Akzent ist irgendwie fremd und vertraut zugleich. Sie trägt eines dieser hippiemäßigen Kleider, die es in den Sechzigern gab, lang, oben eng und unter der Brust locker fallend. Als sie sich um mich herumbewegt und der Stoff von einer Seite zur anderen schwingt, scheint die Verheißung eines herrlichen Körpers eine seltsame Erinnerung zu erwecken.

Ich höre das Geräusch von Schritten auf Schotter, und ein riesiger Bär von einem Mann beugt sich über mich; sein Atem erinnert an das süße Getreide, mit dem Pferde gefüttert werden.

„Nun, mein junger Freund, du bissja nich gerade in der besten Verfassung. Wie bist du denn hier am Ende der Welt in diesen Schlamassel geraten?"

Ich beginne, mich daran zu erinnern, was geschehen ist, die Musik, die CD, und dann der Hirsch und das Kreischen von Metall und meine Versuche, mich zu bewegen, und was soll ich sagen? Wo soll ich anfangen? Und dann denke ich an mein Leben und den Bach und die Enten, und …

„Na, das is ja 'ne Menge zu verdauen in so kurzer Zeit, aber wir müssen dich jetzt bewegen, und das könnte ein wenig wehtun, also …" Und seine große schwielige Hand senkt sich auf mein drittes Auge, und wieder umfängt mich die Dunkelheit.

KAPITEL ZWEI

Das Sonnenlicht lugt durch einen Spalt zwischen den Vorhängen und verscheucht den Wunsch nach Schlaf; stattdessen habe ich nun ein heftiges Verlangen nach der Welt da draußen und der Luft, die meinen Körper liebkosen wird. Junge, wie gerne würde ich jetzt laufen gehen … und dann kommt auf einen Schlag der ganze Unfall zurück, und die Fragen tauchen auf. Ich schaue mich im Zimmer um. Es ist sauber und hell und erinnert mich an das Farmhaus meines Großvaters. Sein Haus war zuerst nur eine Blockhütte, ein großer Raum, dem über die Jahre immer mehr Anbauten hinzugefügt wurden, bis es eher einem viktorianischen Haus als einem Farmhaus ähnelte. Dieses Haus hier hat immer noch die Atmosphäre dieses einzelnen Raumes von früher, aus richtigen Hölzern und nicht neu wie diese Fertighäuser; dieses Haus hier besteht aus verschieden großen Holzbalken, die von Hand bearbeitet wurden, um die Seiten symmetrisch zu machen.

Die alten viktorianischen Möbel scheinen aus den 1860ern zu stammen, und das Bett ist wirklich klein, ein schmales

Ehebett. Die Vorhänge am Fenster haben dieses Vichy-Muster, das niemand mehr benutzt, ein Klischee der „guten alten Zeiten". Vielleicht ist das hier irgend so eine Ferienranch oder Ferienanlage von anno dazumal. Ich habe davon gehört, jedoch noch nie eine von Nahem gesehen. Ich schaue mich nach dem Fernseher um, den es in jeder guten Unterkunft gibt, aber da ist keiner. Vielleicht gibt es den nur im Pförtnerhaus. Ein Telefon, vielleicht gibt es ein Telefon. Aber wen sollte ich anrufen? Meine Ex würde mich nur fragen, warum ich mir die Mühe gemacht hätte zu überleben, und ich möchte meinen Sohn nicht beunruhigen. Ich nehme mal an, es ist nicht wichtig. Ich schaue an meinen Beinen hinunter, die vor einigen Stunden nicht sehr gut funktioniert hatten – oder war das Tage oder Wochen her? Plötzlich wird mir klar, dass die Zeit stehengeblieben ist, als ich diesen Hirsch sah, und ich keine Ahnung habe, wann, wo oder wie ich bin.

Die Tür schwingt auf und die uralt aussehenden Scharniere quietschen nur leicht, als sie den Raum betritt. Das Tablett mit etwas Dampfendem darauf zieht meine Aufmerksamkeit an wie ein Peilsender für hungrige Vogeljunge, und mir läuft das Wasser im Munde zusammen.

„Hallo, wenn ich mich recht entsinne, heißt du Ruth?"

„Ja, Jacob Rayne, das stimmt." Komisch, ich erinnere mich nicht daran, ihr meinen Namen gesagt zu haben, aber ich vermute, dass sie ihn auf meinem Führerschein gesehen hat.

„Ich habe offenbar ziemlichen Hunger – wie lange bin ich schon hier?"

„Du bist seit sieben Tagen hier und hast die meiste Zeit mit Gesundwerden verbracht und nicht gewählt, wach und bei Bewusstsein zu sein. Das geschieht bei sehr schweren Verletzungen, mach dir keine Sorgen." Woher zum Teufel wusste sie, dass ich mir Sorgen machte? Irgendwas ist hier sehr seltsam.

Ich betrachte ihr schönes Gesicht, das von diesem weichen, goldenen Haar umrahmt ist, und als sie auf mich zugeht, werde ich mir ganz intensiv derselben gelassenen Präsenz bewusst, die solche Ruhe beim Unfall bewirkt hat.

„Wo bin ich? Ist der Arzt hier gewesen? Wie schlimm sind meine Verletzungen?"

Sie lächelt mich mit der Eleganz einer Filmdiva aus den 1940ern und der Unschuld einer schüchternen Jungfrau aus dem Süden an und setzt sich einfach neben mich aufs Bett.

„Ich denke, du hast genügend Kraft in den Armen, um dich aufzusetzen, damit du leichter essen kannst." Wieder dieser eindringliche Akzent, der mir zugleich vertraut und fremd ist – ich fragte mich, woher sie kommt. „Benutze nicht deine Beine, sie sind noch zu schwach und es würde wahrscheinlich sehr weh tun."

Ich schiebe mich in eine aufrechtere Position wie ein unbeholfener Teenager, und sie greift hinter mich und schüttelt die Kissen auf, sodass ich nicht mehr flach auf dem Rücken liege.

„Bitte, lass mich dich füttern, es sind nur Haferflocken mit ein bisschen Milch und Zucker, aber Onkel Jed hat gesagt, das wäre alles, was dein Magen heute vertragen kann. Es war kein Arzt da, dies ist nur ein kleines Bergdorf und wir haben irgendwie vor einer Weile den Kontakt zur Außenwelt verloren. Wir leben hier unter uns und bleiben dem Trubel des modernen Lebens fern. Onkel Jed sagt, dass die Brüche in deinen Beinen gut verheilen müssten und der Schaden an deinem Rückgrat ein wenig Zeit brauchen wird, aber er sieht keinen Grund, warum du nicht wieder zu hundert Prozent wiederhergestellt sein solltest, wenn der Schnee kommt."

Ich habe das seltsame Gefühl, dass ich wirklich einige Fragen stellen oder Antworten verlangen sollte, aber diese Gelassenheit und die Abwesenheit jeglicher Sorge verlangen erneut nichts als Akzeptanz.

„Was ist mit meinem Auto? Liegt sie immer noch neben der Straße?"

„Oh, die Zwillinge haben dein Auto hierhergebracht und haben einen Heidenspaß dabei zu versuchen, sie zu heilen. Wir hatten noch nie so etwas wie sie hier, also sind sie sich nicht sicher, was sie für sie tun können. Warum nennst du sie „sie"?"

Als sie die süßen, kernigen Haferflocken in meinen Mund löffelt, versuche ich mich zu entsinnen und kann mich nicht erinnern, über mein Auto gesprochen zu haben. Ich hatte sie nur ein paar Mal „sie" genannt, bevor meine Frau sich darüber lustig machte, dass ich so dumm sei, und sie seither nur noch in Gedanken als „sie" bezeichnet. Vielleicht habe ich im Delirium, wenn ich überhaupt in einem gelegen habe, etwas gesagt.

„Du warst nie im Delirium, nur ohnmächtig oder hast geschlafen, also musst du dir keine Gedanken machen wegen Fieber oder solchen Problemen."

Na gut, das ist immerhin eine Antwort, obwohl ich das weiß Gott in keinen Kontext bringen kann, der zu dem passt, was ich weiß. Seltsam, es ist, als sei ich in diesem Film mit Kathy Bates und James Caan, wo sie diesen Typen gefangen hält und ihm niemals eine direkte Antwort gibt, damit er bei ihr bleibt. Bin ich in eine seltsame Sekte geraten, die nichts ahnende Fremde einfängt und festhält? Ich werde so paranoid wie damals, als ich verheiratet war, wo ich das Schlimmste erwartete und dann auch erlebte.

Ich versuche es noch einmal. „Also ist der Arzt gekommen, als ich bewusstlos war, und wisst ihr deshalb, was mit meinen Beinen und meinem Rückgrat nicht stimmt, und gibt es einen Grund, warum du meine Fragen nicht beantwortest?"

„Jacob, es gibt einige Fragen, die zu beantworten nicht an mir ist, also müssen sie auf diejenigen warten, die das können; ich verstehe, wie frustrierend das erscheint, aber ich kann dir nicht geben, was ich nicht erklären kann."

Als sie ihre Rede beendet, kündigen die Scharniere die Ankunft eines neuen Besuchers an und ich schaue in das graubärtige Gesicht des Mannes, der mich damals auf der Straße in Schlaf versetzt hatte.

„Hallo, Jacob, ich bin Jedidiah Ramsey, das Oberhaupt unseres Clans, und ich bin derjenige, der dir jene Dinge erklären muss, die an uns hier nicht normal sind."

Während er beginnt zu sprechen, schlüpft Ruth leise aus dem Zimmer, ohne sich zu verabschieden – sie schwebt über den Boden wie eine Sylphe aus alten Zeiten und hält inne und schaut mich an, als sie die Tür hinter sich schließt. Eine Sehnsucht nach ihrem sanften Gesicht und ihrer freundlichen Gegenwart schwillt in meiner Brust, und mir scheint, dass ich mit der Intensität der Gefühle nicht umgehen kann, die ich jahrelang unterdrückt und versteckt habe, um mit all dem zurechtzukommen, was im Leben nicht funktioniert. Ich spüre etwas, das ich nur als einen Kuss für mein ganzes Wesen beschreiben kann, und weiß irgendwie, dass er von ihr kommt. Dies ist die wahrgewordene Fantasie eines Romantikers, eine, die die Seele auch auf die Entfernung berührt. Kann dies wahr sein, ist sie real, habe ich hier an diesem seltsamen Ort das gefunden, von dem ich glaubte, es müsse existieren, doch nie in Wirklichkeit gesehen habe? Hoppla, ich bin hier in weniger als einer Stunde von Verfolgungswahn direkt zu einem Glauben an reine Einbildung übergegangen – ich mag vielleicht nicht im Delirium sein, aber der Wahn hat mich eindeutig im Würgegriff.

Onkel Jed atmet tief aus und öffnet seinen Mund, und ich erwarte etwas und bin mir ganz deutlich der Verwirrung gewahr, die sich auf den feinen Gesichtszügen eines Mannes abzeichnet, der zugleich alt und alterslos ist. Jedes Mal, wenn ich ihn bisher angeschaut habe, sah ich die Merkmale, die als Alter bezeichnet werden, doch als ich nun näher hinschaue, sehe ich Krähenfüße, wo Falten sein sollten, und straffe Haut, wo sie erschlafft sein sollte, und auch, wenn der Bart einiges davon möglicherweise verbirgt, schaue ich in diese beiden braunen Augen, die klar und strahlend sind und zugleich von Erfahrung zeugen, die Weisheit bringt, und von Schmerz, der Toleranz bewirkt, und von Zeit, die Frieden schenkt. Diese Augen sind ein Fenster zu dem Frieden, den nur ein langes Leben mit sich bringt, ein Leben mit dem Wissen darum, dass die Wahlen, die andere treffen müssen, und die Kämpfe, die sie wählen, nicht geändert werden können, doch sich mit Gewahrsein gegenüber den Geschenken der Möglichkeiten öffnen werden, die existieren. Mein Großvater war einer dieser Menschen gewesen, die erkennen konnten, dass die Menschen wählen, was nicht gewählt werden sollte, und sagen, was niemals ausgesprochen werden sollte, und nach vielen Jahren der Enttäuschung über das, was niemals gewählt werden wird, und das Nährende und die Güte, die die Freundlichkeit jenen schenkt, die bleiben, wenn andere aufgeben, und die Tiefe der Fürsorge, die nur große Schlucke an Leben aufnehmen, die einen unergründlichen Blick darauf hinterlassen, was sich am besten als die Verkörperung unendlichen Lebens beschreiben lässt, erkennend, was großartiger ist, was sein könnte, und niemals um das trauernd, was nicht sein wird. Ich weiß, ich kann diesem Mann vertrauen.

„Nun gut, Jacob, danke für dein Vertrauen, ich werde mein Bestes geben, um ihm gerecht zu werden, und all deine Fragen beantworten, so gut ich kann. Ich bitte dich nur darum, mir Zeit zu geben, um Wege zu finden, wie ich dir einige Dinge erklären kann, die ich selbst nicht ganz verstehe."

„Zunächst einmal sind wir keine Sekte, aber wir haben einige Besonderheiten, die uns dazu bringen, uns vom Rest der Welt fernzuhalten. Wir sind schon lange an diesem Ort, und da wir vom Rest der Welt abgeschnitten sind, mussten wir bestimmte, ich denke mal, dazu sagt man Talente entwickeln, um mit all dem umzugehen, was sich so im Leben zeigt. Ich habe das entwickelt, was man wohl Heilfähigkeiten nennt; ich bin so was wie der Arzt für unsere Gruppe. Vor Jahren begann ich die Fähigkeit zu entwickeln, den Unterschied an den Körperstellen zu spüren, wenn sich jemand 'nen Arm oder 'n Bein gebrochen hatte, und nach einer Weile begann ich genau zu sehen, wie das aussah, und dann konnte ich mit dem Körper sprechen und mit dem Reparieren anfangen. Weißt du, an dem Morgen, an dem die Jungs dich zu uns brachten, als ich dich berührte und du eingeschlafen bist, das isses, was ich gelernt habe, um den Schmerz wegzunehmen. Es unterbricht sozusagen die Reaktionssysteme des Gehirns und bringt Entspannung. Mir ist bisher kein Problem wie deines mit dem Rückgrat untergekommen, aber ich glaube, dass dein Körper gesund werden möchte und sich mit ein wenig Zeit selbst reparieren wird. Also, was möchtest du sonst noch wissen?"

Geschieht das hier wirklich? Ich verstehe nicht, wie ich so schnell Vertrauen fassen kann, nachdem ich mir jahrelang antrainiert hatte, ein Skeptiker zu sein, und nach noch mehr Jahren in einer Beziehung, die am Anfang fantastisch gewesen war und sich langsam zur Gehirnwäsche gewandelt hatte, um den Mann hervorzubringen, den ich nicht kannte und der ich nicht sein wollte. Was ist los mit mir? Ich tue so, als sei all dies normal und als ob ich mir keine Sorgen mehr machen müsse. Was bedeute ich überhaupt noch?

Ich denke Gedanken, die nicht gedacht werden sollten, über Menschen, die ich nicht kenne, und akzeptiere Dinge, die gesagt werden, als hätte ich schon immer so funktioniert.

„Bin ich auf irgendwelchen Drogen? Wo bin ich wirklich und was wollt ihr von mir?" Schon besser, ein bisschen genervt und paranoid klingt mehr nach mir. „Und übrigens, wer sind diese Kinder, die mich gefunden haben, und was haben sie mitten in der Nacht auf der Straße gesucht?" Das Lachen, das aus Onkel Jed hervorbricht und sich anhört wie bei einem verliebten Teenager, erwischt mich wie ein Schwall kaltes Wasser.

„Nein, mein Junge, wir haben dich nicht unter Drogen gesetzt, und du bist gerade etwa 40 Meilen von der Straße entfernt, an der du verletzt wurdest, und es ist schwierig, an Skepsis und Paranoia festzuhalten, wenn sich Menschen einfach kümmern. Wir bleiben dem Rest der Welt aus verschiedenen Gründen fern, doch vor allem, weil die Menschen in deiner Welt glauben, Misstrauen verschaffe ihnen Sicherheit; wir sind in Sicherheit, weil wir an das glauben, was wir tun und was wir sind. Ich schätze, man könnte sagen, wir haben Vertrauen in uns selbst. Wenn man Vertrauen in sich selbst hat, fällt es jenen, die sich selbst nicht vertrauen, schwer, an ihrem Misstrauen festzuhalten. Ich denke, du erkennst diesen Unterschied bei uns. Die Jungs sind Ruths Neffen. Ihr Vater ging, bevor sie geboren wurden, und ihre Mutter starb bei der Geburt."

„Aber ich dachte, du bist ein Heiler, warum konntest du sie nicht retten?" Meine gedankenlose Frage, eigentlich keine echte Frage, sondern eher ein Vorwurf und eine Offenbarung meines mangelnden Vertrauens, brachte den alten Mann innerhalb von Sekunden zum Altern. Die Falten und die erschlaffte Haut waren sichtbar und dann plötzlich weg.

„Ich bin ein Heiler, Jacob, doch wenn jemand, den du liebst, den Lebenswillen verliert, kannst du ihn nicht heilen, so sehr du es dir auch wünschst. Sie war mein Kind und ich wollte mehr für sie als sie selbst. Noch nicht einmal die Verheißung prächtiger Söhne konnte sie umstimmen. Die Wahl liegt bei uns, nach unserem Wunsch."

„Kann ich dich Onkel Jed nennen oder wäre das respektlos?"

„Ja, Jacob, du kannst mich Onkel Jed nennen. Es wäre mir eine Ehre."

„Würdest du die Jungs gerne persönlich kennenlernen?"

„Ja, bitte, ich muss mich bei ihnen dafür bedanken, dass sie mich gefunden haben."

„Okay, Jungs, ihr könnt jetzt reinkommen", und die Tür öffnete sich langsam, und da standen zwei identische Jungen um die zwölf, wobei ihre leuchtend blauen Augen mein ganzes Gesichtsfeld einzunehmen schienen, als sei ich ein Käfer unter einem Vergrößerungsglas. Der Effekt trat sofort ein und war ein wenig beunruhigend; normalerweise geben mir kleine Kinder nicht das Gefühl, bis auf die Seele nackt zu sein, aber diese beiden taten es.

Onkel Jed räusperte sich, und das seltsame Gefühl verschwand und die Jungs lächelten mit solch einer Freundlichkeit und Freude, dass ich das Gefühl bekam, irgendeine seltsame Unterhaltung hätte stattgefunden, ohne dass ich etwas gehört hatte.

„Hi, ich heiße Rob", sagte der erste, und der zweite meinte: „und ich bin Roy", und beide sagten gleichzeitig: „Sie waren ganz schön ramponiert, Mister, als wir Sie fanden, aber jetzt sehen Sie viel besser aus, Onkel Jed ist cool, und Ruth kann auch tolle Sachen, sie hat Ihr Gesicht in Ordnung gebracht, es war ziemlich schief in der ersten Nacht. Können Sie uns was über ‚sie' erzählen, wir hatten noch nie so eine wie ‚sie' hier und ham keine Ahnung, was wir mit ihr machen sollen."

Ich war ganz verwirrt, von welcher ‚Sie' diese Kinder da redeten. Und dann erinnerte ich mich plötzlich, was Ruth mir über mein Auto erzählt hatte.

„Das ist mein Auto, sie war irgendwie mein ganzer Stolz und meine ganze Freude. Ich hoffe sehr, dass sie repariert werden kann, sodass sie wieder gut aussieht."

Die Jungs sahen einander mit einem Anflug von Lachen an, das ihre Mundwinkel kitzelte, und wieder überkam mich dieses seltsame Gefühl, völlig entblößt zu sein, und ich konnte fühlen, wie eine Flut von Erinnerungen an das Auto und daran, wie sie ausgesehen hatte, auftauchte, wie Erinnerungen aus der Vergangenheit, die durch Geschmäcker oder Gerüche oder Musik oder Berührung ausgelöst werden, gefühlsmäßig umfassend und ganz substanziell.

Onkel Jed machte wieder diese Sache mit dem Räuspern und die Intensität der Erinnerung verschwand. „Gut, Jungs, ihr habt die Informationen, die ihr brauchtet, nun ist es an der Zeit, die Fragen dieses Mannes zu beantworten."

Rob sprach als Erster: „Mister Rayne, Roy und ich haben Sie vor vielen Jahren gehört; wir haben die Fähigkeit, jene zu hören, die sich die Zukunft wünschen, von der sie glauben, sie müsse existieren, und wir können diese Sehnsucht und dieses Bedürfnis hören. Wir hören auch, wenn jemand um Hilfe ruft. In der Nacht, in der Sie sich verletzt haben, konnten wir Sie rufen hören. Wenn uns jemand in großer Not ruft, sind wir innerhalb von Minuten bei ihm, wie bei Ihnen."

„Was sagt ihr da, ihr könnt innerhalb von Minuten da sein?" Dieses seltsame Gefühl, seitlich abzugleiten, setzte ein, und ich war mir sicher, dass das, was real war, nicht das umfasste, was mein Verstand gerade als Wahrheit vorausgesetzt hatte ... es konnte nicht wahr sein. Onkel Jeds Hand griff nach meiner Stirn und ich wusste, das süße Dunkel, das keinerlei Frage erfordert, war auf dem Weg, und es senkte sich über mich.

KAPITEL DREI

Der Morgen stahl sich in mein Gewahrsein mit einem Trommelwirbel wie entfernter Donner und dem Summen von Insekten und dem nektarsüßen Gesang der Vögel. Wie kommt es, dass Vögel am Anfang jeden Tages voller Freude sind und wir Menschen stöhnen und dagegen wettern, dass die Sonne aufgeht, und um mehr Dunkelheit flehen? Haben wir uns einfach dem Elend und irgendeiner seltsamen Überzeugung verschrieben, dass unser Bett der einzige Ort der Zuflucht voreinander ist, der uns den Frieden gewährt, den wir so unübersehbar vermeiden, als würden wir sonst wie die Vögel mit der ultimativen Dummheit namens Glück infiziert?

Der an der Versorgungstür nagende Hunger wird mit dem Knarren der Türangeln beantwortet – warum ölen sie die nicht? – und Ruth platzt in den Raum mit ihrer Gelassenheit und Ungezwungenheit, einem Lächeln und einem Tablett, von dem meine Nase laut verkündet, dass es Eier mit Speck enthält! Ich setze mich auf, eingedenk der Notwendigkeit, meine Beine zu schonen, und sie beugt sich vor, um meine

Kissen aufzuschütteln, und mein vor Kurzem noch kaum lebendiger Körper beginnt, Lebenszeichen von sich zu geben, durch den Geruch ihres schönen Haars und die Freundlichkeit, von der ich nicht geahnt hatte, dass es sie bei einer Frau geben könnte, die ich jedoch immer erfleht hatte. Als sie vor mir zurückweicht, traue ich meinen Augen kaum, doch sie errötet.

„Wir ölen die Scharniere nicht, damit du immer weißt, wenn wir kommen."

O Gott, sie kann meine Gedanken lesen, und jetzt ist es mir peinlich, denn nun weiß ich, warum sie errötet ist – und was habe ich noch gedacht, was sie lieber nicht über mich wissen sollte? – bloß, wenn jemand deine Gedanken lesen kann, kannst du dann überhaupt Geheimnisse haben? Wie zum Teufel funktionieren Beziehungen hier? Dies ist ein Maß an Vertrautheit, mit dem ich bezweifle leben zu können.

„Jacob, vielleicht hast du inzwischen gemerkt, dass wir ein wenig anders sind. Wir kommunizieren telepathisch, wie du es nennen würdest, und wir erlauben uns meistens zu wissen, was kommt, noch bevor es eintritt. Wir wussten zwar nicht von deinem Unfall, aber wir wussten, dass du kommst."

Ich fühle mich, als wäre ich von einer Lokomotive überfahren worden, ich bin außer Atem, und ich schließe meine Augen und fange an, den Kopf zu schütteln. Das kann nicht wahr sein, ich habe den Verstand verloren. Ich öffne meinen Mund und meine Augen, um zu antworten, und die Zwillinge stehen neben meinem Bett, einer auf jeder Seite, während ihre strahlenden lachenden Augen den Streich verraten, den sie auskosten, und ich vermute, er geht auf meine Kosten. Bin ich gerade einen Moment lang ohnmächtig gewesen oder haben sie sich unter dem Bett versteckt und sind aufgesprungen, während ich all diese Überlegungen anstellte?

„Nein, Jacob, wir waren nicht unter dem Bett, wir haben nur getan, was wir auch in der Nacht getan haben, als Sie sich verletzt haben." Wer spricht da – Rob oder Roy? – wie soll ich die beiden auseinanderhalten, sie sehen einander so ähnlich. „Ich bin Roy, hier, nehmen Sie meine Hand, und dann werden Sie uns so unterscheiden können, wie wir Sie kennen und erkennen, wo Sie anders für uns sind; so wissen wir, wer was und wo denkt." Ich nehme seine weiche Hand, Mensch, ich vermisse meinen Sohn so sehr, diese weichen Hände erinnern mich an ihn. „Gerade denken Sie nicht an Ihren Sohn, Ihr Sohn und ich haben nur eine ähnliche Schwingung; wir wären gute Freunde." „Und jetzt halten Sie meine Hand", sagt Rob. Als ich seine Hände nehme, ist da das Gefühl der Entenjungen auf meinem Körper. Im Chor: „So, und nun, Mister Rayne, schließen Sie Ihre Augen und fühlen Sie den Unterschied."

Als ich meine Augen schließe, lassen sie meine Hände los und plötzlich spüre ich die Enten in der rechten und die Sohnenergie in meiner linken Hand. Ich öffne meine Augen und kann den Unterschied nicht ausmachen. „Schließen Sie die Augen." Das tue ich und wieder wechselt dieses seltsame Gefühl von einer Seite zur anderen. Ich öffne meine Augen und schaue, und die Jungen sind weg. Ich blinzele und schüttele den Kopf, und da sind sie wieder an meinem Bett. Einer der Jungen nimmt meine Hand und ich fühle die Energie meines Sohnes und das intensive Verlangen nach ihm, das ich nicht wahrhaben möchte. „Du bist Roy, richtig?" „Ja, Sir." Dann schließe ich meine Augen, richte meine Aufmerksamkeit auf die linke Hand und spüre, wie die Energie mehrfach wechselt, und ich öffne meine Augen und schaue auf den Jungen zu meiner Rechten und spüre die Entenjungen ... „O mein Gott, ich weiß, wer wer ist, du bist Rob!"

Dass ich nun meine Augen schließen und den Unterschied zwischen den beiden fühlen kann, ist verblüffend, doch ich erinnere mich daran, wie ich mit mehr als zwei Leuten im Bett war und immer wusste, wen ich gerade berühre. Wahrscheinlich ist es gar nicht seltsam; das möchte ich nur, damit ich glauben kann, dass alles, was ich erfahre, entweder furchtbar richtig oder furchtbar falsch ist, wobei die Betonung auf „furchtbar" liegt.

Das Lächeln auf den Gesichtern der beiden Jungen strahlt eine Freude aus, die ich bei den jungen Freunden meines Sohnes vermisst habe, die immer dankbar sind, wenn wir alten Leute wirklich das Geniale und die Heiterkeit mitbekommen, die kleine Körper von Natur aus ausstrahlen. Ich fühle mich, als hätte ich den Mount Everest für sie bezwungen und als hätte sich eine Mauer aufgelöst, und ich bin mir allem ganz intensiv gewahr. Ich erkenne die Schwingung von Ruth, und als ich das tue, beginnen mir Tränen übers Gesicht zu strömen. Dies ist die Frau, von der ich schon seit zehn Jahren geträumt habe, kein Wunder, dass ihre Stimme so eindringlich ist, ich habe sie seit Jahren mindestens zweimal pro Woche gehört, und der Geruch ihres Haars und das Licht im Fenster und die Freude in meinem Herzen darüber, dass ich endlich weiß: wen und was ich wollte, existiert wirklich, und die Erinnerung an den Sex, den ich in meinen Träumen gehabt hatte, bringt mein Blut zum Singen, und mein Herz pocht und mein Körper atmet tief von dem Leben ein, das er immer gesucht und von dem er nur zaghaft geglaubt hat, es könne wahrhaftig existieren, explodiert wie ein übervoller Ballon und lässt die

Lebensfreude in die Poren meines Körpers einsickern, so, wie es mir nie jemand erzählt oder gezeigt hat, und zugleich erscheint dies richtig und großartiger als alles, was ich je für möglich gehalten habe. Meine Sinne, die sich im Zimmer ausdehnen, spüren vage, dass es eine Falte im Universum gibt, wie sie bei Star Wars erwähnt wurde, und ich schaue Ruth an, die ebenfalls weint. Sie weiß oder wusste oder vermutete oder erfuhr dasselbe wie ich, wie kann das sein?

Die Jungen sprechen im Chor: „Mr. Rayne, wir haben alle den Ort wahrgenommen, an dem Sie und Ruth zusammenleben. Hier wissen wir alles, und nichts gilt als falsch. Es gefällt uns, dass ihr einander glücklich macht. Sie haben vor Jahren nach uns gefragt, als Sie in diese Gegend kamen, und seither gehören Sie zu uns."

Ich könnte peinlich berührt sein, dass diese Jungen Einblick in mein privates Universum hatten, doch stattdessen bin ich ganz ruhig. Während sie weiter mit mir sprechen, fällt mir auf, dass ich sie zwar höre, ihre Lippen sich aber nicht bewegen. Verliere ich den Verstand, bin ich in einer Illusion gefangen oder ist dies ein Traum und ich werde bald aufwachen?

„Nein, Jacob, dies ist kein Traum, so sieht wahre Kommunikation aus, die Jungen und Onkel Jed und der Rest von uns haben einen direkten Draht zueinander. Du hast das auch schon immer gehabt und für einen glücklichen Zufall gehalten, wenn du wusstest, was andere denken oder wann du sie anrufen solltest, oder wenn du einen Blick auf die Zukunft erhascht hast. Für uns ist das normal; du nennst es übersinnlich."

Als Ruth ihre Erklärung beendet, weiß ich, dass alles, was ich mit diesen Menschen erlebt habe, so normal ist, dass ich mich zum ersten Mal in meinem Leben zu Hause fühle. Ich gehöre tatsächlich irgendwohin … hierhin.

Die Jungen verschwinden aus dem Raum, als Ruth auf mich zukommt. Mein angeschlagener Körper wird plötzlich von einer Vitalität erfüllt, die ich mit neunzehn kannte, jenes erste Mal.

Als sie neben mir ankommt – völlig ohne Scham – beugt sie sich vor und ihr Kleid verschwindet, genau wie in meinen Träumen, und ich frage mich, wie es wohl leibhaftig sein wird. O Gott, bitte lass mich nicht vor lauter Glückseligkeit sterben. Sie reicht herüber und berührt meine Hand, und als sie mich küsst, bricht Energie in jeder einzelnen Zelle meines Körpers hervor, und voller Herrlichkeit und Anmut senkt sich die Dunkelheit herab, mit einer Ausdehnung des Lebens, die ich noch nie zuvor gefühlt habe.

KAPITEL VIER

Ich erwache durch das Jubilieren der Vögel, die Intensität des Windes in den Pinien und die ausgeprägte Wahrnehmung, dass jemand kommt. Nein, nicht jemand, Ruth. Ich recke mich, drücke meinen Rücken durch und schiebe meine Beine Richtung Fußende des Bettes. Uff, es hat nicht wehgetan, wie kann das sein, gestern konnte ich sie noch nicht einmal rühren. Die Türangeln quietschen und Ruth tritt ein, mein Frühstück – meine neugierige Nase meldet: Obst und etwas Warmes, das ich nicht erkenne – und mein Augenschmaus: sie.

Sie lächelt: „Jake, Sex ist eine Form der Heilung, eine Energie, die den Körper dazu einlädt, sich wieder an sich selbst zu erinnern, aber wenn das der Fall ist, braucht dein Körper Schlaf und keine körperliche Anstrengung."

„Warum sprichst du heute Morgen mit mir, anstatt es mir einfach in Gedanken mitzuteilen?"

„Zu lernen, nur im Geist zuzuhören, braucht Zeit, es sei denn, die Zwillinge sind hier. Sie krümmen den Raum.

Das tut man, wenn man irgendwohin fährt und schneller ankommt, als man sollte. Wenn man den Raum biegt, kann man erscheinen und verschwinden wie die Jungs, aber man verändert auch den Raum, sodass die Person, mit der man zusammen ist, den Verlust von Zeit und Raum als die Quelle des Lebens erlebt und sich auf eine Seinsstufe begibt, die erweitert und andere Möglichkeiten generiert."

„Wow, danke", denke ich. „Ich habe das Gefühl, gerade eine Lektion in Quantenphysik bekommen zu haben, an meinem ersten Tag im Kindergarten. Kannst du es irgendwie für Dumme erklären, denn offensichtlich bin ich heute dumm."

„Ich werde es versuchen. Zeit ist nicht real, sie ist ein Konstrukt, das die Welt benutzt, um zu rechtfertigen, dass sie nicht jedes Gewahrsein und jede Kommunikation mit der molekularen Struktur verkörpert, was ermöglichen würde, dass Zerstörung zu einem unnötigen Teil des Lebens wird."

„Nun, das war jetzt viel deutlicher."

Ihr Lachen kitzelt die kleinen Härchen auf meinen Armen, und die sarkastische Bemerkung hat offensichtlich die Wirkung, die ich beabsichtigt hatte. „Naja, wenn dieser Sex mich so sehr geheilt hat, wie wäre es mit ein bisschen mehr, um dem guten alten Körper weiter auf die Sprünge zu helfen?"

Wieder kitzelt ihr Lachen meine Haare; wie herrlich es doch ist, so ein extremes Verlangen zu spüren und zugleich keinerlei Bedürfnis nach dieser sexuellen Energie, von der ich immer gedacht hatte, sie müsse zu Dunkelheit und ins Bett führen.

„Nun, Mr. Rayne, du kannst den Körper jedes Mal immer nur ein bisschen mehr zum Leben erwecken, ohne seine Struktur in einer Weise zu verändern, die du als unangenehm empfinden könntest, und abgesehen davon wirst du viel mehr davon haben, wenn wir uns noch etwas für später aufheben."

Der Blick in ihren Augen ist sexier und erregender als jeder Blick, den ich je gesehen habe, und ich weiß, dass dies nicht bloß ein Aufreizen ist, sondern ein Versprechen, auf das ich mich verlassen kann, um zum Orgasmus zu kommen. Das Lächeln in meinem Gesicht über meinen eigenen Scharfsinn ruft wieder ein prickelndes Lachen hervor, als die Türangeln einen weiteren Gast ankündigen, und meine Sinne sagen mir, es ist Onkel Jed.

„Guten Morgen, Jacob, iss dein Frühstück, der Augenschmaus geht jetzt." Ruth lächelt, als sie mit dieser wunderbaren schwebenden Eleganz aus dem Zimmer gleitet und mich atemlos und zugleich erregt zurücklässt.

Ich schaue auf das Frühstück vor mir, die Beeren strotzen vor Süße, und im Duft des seltsamen Fleisches auf dem Teller vermischen sich Rauch und ein Aromenwirrwarr, den ich noch nie gekostet habe. „Sieht gut aus und riecht gut." Als meine Gabel das zarte Fleisch zerteilt, umspielt das Aroma von Wild meine Geschmacksknospen und klingt nach wie eine eindringliche Zeile in einem großartigen Theaterstück. „Was ist das, Onkel Jed?"

„Jacob, das da is' 'ne Klapperschlange, die hier abends reingekrochen ist, um ein Geschenk für uns und unsere Körper zu sein. Weißte noch, wie ich gesagt hab, wir sind anders, naja, wir rufen die Viecher, die bereit sind, ihren Körper herzuschenken, um unsere Körper zu erhalten. Ruth, ich, die Jungen und die anderen, die schon eine Weile hier sind, brauchen nicht wirklich viel zu essen, aber weil du gesund werden musst, gibt es bestimmtes Fleisch, Beeren und Gemüse und auch bestimmte Kräuter, von denen dein Körper uns sagt, er braucht sie energetisch, um sich selbst gesund zu kriegen. Also rufen wir und sie kommen und zeigen sich uns."

Die Klapperschlange schmeckt so gut, dass ich nicht aufhören kann, sie zu essen, obwohl ich mich so gerne vor der Vorstellung ekeln würde, dass ich Schlange esse. Die Wahrheit zu spüren, dass die Schlange aus freien Stücken gekommen war, lässt sie irgendwie noch besser schmecken.

„Onkel Jed, wie ist dieser Ort entstanden und wie kamt ihr hierher, und was bedeutet es, dass ich nach euch und diesem Ort gefragt habe?"

„Nun, mein Sohn, das sind 'n Haufen Fragen, wo jede eine lange Erklärung braucht. Wie wär's, wenn ich 'n bisschen Heilung mit deinem Körper mache und versuche, dir die beste Antwort zu geben, die ich kann, denn ich habe nicht alle Puzzlestücke da, aber ich verspreche, ich werde mein Bestes geben. Mach einfach deine Augen zu und lass mich dir eine Geschichte davon erzählen, wie wir ‚den Ort' gefunden haben."

KAPITEL FÜNF

„Im Jahre 1860 beschlossen unsere Familien, die Wälder von Georgia zu verlassen, in denen wir so lange gelebt hatten, beinah fünfzig Jahre. Natürlich war unsere Familie 'n bisschen wohlhabender als unsere Nachbarn, also wurden wir 'n bisschen großspurig und investierten nicht wenig von unserem Geld in Dinge, von denen wir nichts verstanden. Als die Wirtschaftskrise von 1830 zuschlug, verloren wir alles, den größten Teil unseres Landes und all unsere Sklaven. Wir konnten so 160 Morgen Schwemmland und unser Haus behalten, aber das war nich' genug, um die über zwanzig Verwandten, Brüder, Schwestern und Cousins zu versorgen. Als man im Süden anfing, von einer Sezession zu sprechen, stimmten wir alle ab und beschlossen zu gehen; da war nicht mehr viel, außer mehr von nicht genug und Kriegsgrollen am Horizont. Also fing die ganze verflixte Familie an, für einen ‚Ort' zu beten, wo wir das Beste finden könnten, was das Leben zu bieten hat. Einige Monate nach unseren Gebeten bot uns ein Nachbar an, uns alles abzukaufen, und wir nahmen das Geld, besorgten uns Planwagen, Pferde, Kühe, Schweine, Schafe, Enten und Hühner und zogen mit unserem Treck Richtung Westen. Es war noch Winter, als wir aufbrachen, und es war schwierig, nach Kansas City zu kommen, wohin ein ganzer Haufen Trecks nach Westen unterwegs war. Die meisten machten sich in die Dakotas auf, aber wir wollten nach Oregon. Gott allein weiß, wie wir auf Oregon kamen, wo doch die meisten Leute woanders hin wollten.

Naja, wir hatten zwei Monate, bis die Schneeschmelze im Frühling das Reisen leicht machen würde, und als einige in der Familie Arbeit fanden und andere durch Heirat verschwanden, schmolz unsere Gruppe. Wir machten bekannt, dass wir eine religiöse Gruppe wär'n, die 'n Führer sucht, der uns nach Oregon bringen kann.

Etwa einen Monat, bevor's losging, kam ein Mann, er war dreckig, alt und an seiner rechten Hand fehlten drei Finger. Er sagte, er is 'n gottesfürchtiger Mann, mit einer Indianersquaw verheiratet, und er kann uns nach Oregon bringen. Die fünfzehn von uns, die übrig waren, stimmten ab, und weil wir keine anderen Scouts getroffen hatten, die uns hinbringen wollten, vor allem, weil wir nicht viel zahlen konnten, beschlossen wir zu gehen. Etwa eine Woche später packten wir unsere fünf Planwagen, alle Tiere und alle Möbel, die wir noch hatten, und machten uns auf Richtung Oregon."

KAPITEL SECHS

„Die Einzelheiten der Reise sind längst in der Erinnerung verblasst. Klar hatten wir Begegnungen mit Indianern, aber sie haben uns nie Ärger gemacht. Unser Scout, John MacDonald, kurz Mac, machte sich immer mit seiner Frau auf, um mit ihnen zu verhandeln, um kam immer mit einer Bitte um ein Schaf oder eine Kuh oder etwas Salz oder Zucker zurück, aber sonst nichts. Seine Frau – wir nannten sie alle Mrs. Mac, weil niemand von uns ihren Namen aussprechen konnte – war eine stille Frau, die die seltsame Angewohnheit hatte, immer mit dem aufzutauchen, was man gerade brauchte, und allem Anschein nach sprach sie kein Englisch.

Nach etwa vier Monaten auf Reisen begann plötzlich alles schief zu laufen. Räder, die angeblich neu waren, wurden morsch. Das gepökelte Schweinefleisch, das eines unserer Grundnahrungsmittel war, verdarb. Wir begannen, mehr zu jagen, aber sahen und fingen nicht viel, weil es 'ne Dürre gegeben hatte und es nicht viel Wild auf diesem Trail gab.

Mr. Mac erwischte ein Fieber, nachdem er sich an einem der rostigen Werkzeuge verletzt hatte, die wir mitgenommen und nicht gepflegt hatten, und niemand wusste, was wir für ihn tun konnten. Seine Frau saß bei ihm und berührte ab und zu seine Stirn, und er schlief dann ein. Sie sang ihm diese indianischen Gesänge vor, und der seltsame Frieden, der sich einstellte, gab uns allen ein besseres Gefühl, als ob alles in Ordnung kommen würde.

Nach zwanzig Tagen Fieber starb Mr. Mac. Wir begruben ihn dort und merkten in unseren Momenten der Verzweiflung, dass wir keine Ahnung hatten, was wir tun sollten. Wir versammelten uns und beteten um Hilfe, nahmen den Kompass heraus und bestimmten, wo Westen war. Wir sammelten unsere übrigen vier Wagen ein – wir hatten schon einen ausgeschlachtet, um die kaputten Teile zu ersetzen – und zogen los.

Mrs. Mac kam mit uns, und da wir schon nicht mehr absolute Greenhorns waren, zumindest in unserer Vorstellung, versuchten wir, unseren Weg durch Canyons und Berge zu finden. Ab und an deutete sie in eine Richtung, die wir für ganz falsch hielten, die sich aber immer als leichter herausstellte als das, was wir wählten.

Nach weiteren drei Wochen auf Reisen schlug das Wetter um, der Herbst brach mit Donner, Blitz und Regen über uns herein, wie wir es noch nie erlebt hatten. Die Bäche, die wir zuvor ganz leicht überquert hatten, wurden zu Flüssen, und was leicht gewesen war, wurde sehr schwierig.

Matilda Ramsey, die Mutter von John und Jed, war schwanger geworden, kurz bevor wir losgezogen waren, und das Kind beschloss, es wär' 'ne gute Zeit zu kommen. Wir ließen unseren Treck zwei Wochen stehen, damit Stormy

– so nannten wir das Baby – kommen konnte. Der Name schien seltsam, doch jedes Mal, wenn wir erwähnten, wie stürmisch (engl. „stormy") es war, hörte sie auf zu strampeln, also dachten wir, sie sagt uns etwas; und jedes Mal, wenn wir sie Ellen nannten, bei ihrem zuerst ausgewählten Namen, stimmte sie ein Mordsgeheul an.

Bei leichtem Schneefall zogen wir wieder weiter und dachten, wir können nicht weit von 'ner Zivilisation weg sein, wir waren doch schon so lange unterwegs gewesen, wir mussten bald Leute finden. Mrs. Mac deutete in eine Richtung, die nicht ganz Westen war, aber sie war immer so viel besser darin gewesen, Orte zu finden, dass wir uns entschlossen, ihrer Führung zu folgen. Es war eigentlich ein wenig seltsam, wie sie ohne Gewalt oder Abstimmung oder Sprechen zu derjenigen geworden war, der wir vertrauten und folgten."

KAPITEL SIEBEN

„Etwa vier Tage, nachdem wir wieder aufgebrochen waren, kamen wir an einen Fluss, der brodelte und schäumte und fauchte wie ein ungezähmtes wildes Tier. Wir suchten nach der ruhigsten Stelle zum Überqueren und fanden sie etwa eine Meile flussabwärts, eine still und ruhig wirkende Stelle, und nicht zu tief. Mrs. Mac zeigte immer wieder flussaufwärts, aber alles, was wir dort sahen, erschien reißender und schwieriger, also wählten wir unseren Einstiegspunkt, nicht den ihren.

Als wir begannen, den Fluss zu überqueren, war Mathildas Planwagen als erster im Wasser, mit ihr und den Kindern und ihrem Mann Joseph. Nach etwa zwei Dritteln des Weges durch den Fluss blieb der Wagen stecken, die Pferde begannen zu steigen und zu wiehern, und die Strömung begann sie seitlich abzudrängen. Die Pferde wurden rückwärts in die Stromschnellen gezogen, die direkt jenseits des ruhigen Bereichs lagen und die Familie begann auch zu schreien. Mrs. Mac und einige der Männer trieben ihre Pferde in den Fluss, der ohne Vorwarnung auf einmal mehr als einen halben Meter gestiegen war, und mit ihren gegen den Strom kämpfenden Tieren rangen sie mit dem scheinbar Unvermeidlichen.

Der Planwagen erbebte, als er auf einen Felsen nicht weit weg vom Ufer stieß, und begann auseinanderzubrechen. Die am Ufer standen, schauten mit Schrecken zu, wie einer nach dem anderen aus der Familie in das reißende Wasser stürzte und verschlungen wurde. Mrs. Mac gelangte irgendwie zu den Überresten des Wagens und ergriff Stormy und Jed; sie hielt das Baby in ihren Armen und schaffte es, Jed hinter sich zu halten und dabei noch ihr Pferd dazu zu bringen, zu uns anderen zurückzuschwimmen.

Keiner der Männer war in der Lage gewesen, die anderen zu retten. Unsere Gruppe saß am Flussufer und betrauerte nicht nur den Verlust der Familie, sondern auch den des Essens, der Vorräte und der Tiere, die im Wagen gewesen waren, und dieser wundervollen Pferde, die sich in den letzten Monaten der Reise und Strapazen so wunderbar um uns gekümmert hatten.

Mrs. Mac sprang von ihrem Pferd, mit Stormy in ihren Armen, still und sanft, wie wir sie noch nie zuvor gesehen hatten. Jed saß frierend und nass da und weinte. Mrs. Mac begann, Feuerholz zu sammeln und entzündete ein Feuer. Plötzlich kam Leben in den Rest der Gruppe. Sie sammelten Decken für Jed und Stormy, Ulah May nahm Stormy an sich, damit Mrs. Mac sich frei bewegen konnte, und Lulah May, ihre Schwester, schlang Decken um Mrs. Mac, die jetzt irgendwie nicht nur die Retterin war, sondern auch zur Familie gehörte. Nur Menschen aus der eigenen Familie riskieren ihr eigenes Leben für einen, oder die besten Freunde; so oder so war sie nun zu einer der unseren geworden, indem sie uns zu den ihren gemacht hatte. Indianerin, still, kein Englisch – all dies bedeutete nun nichts mehr. Die Dankbarkeit für das, was sie getan hatte, war sogar stärker als die Traurigkeit über den Verlust unserer Familie. Dankbarkeit für jemanden, der ein Risiko einging und rettete – das würde man ihr nie vergessen.“

Kapitel acht

„Tage später, nachdem wir zwei der Leichen gefunden und begraben hatten, brachen wir gen Norden zu dem Ort auf, den Mrs. Mac uns schon vorher versucht hatte zu zeigen. Offenbar hatte es in den Bergen vor uns Stürme gegeben, die den Fluss hatten ansteigen lassen.

Nun brach uns der Angstschweiß aus beim Gedanken daran, den Fluss zu überqueren, doch wir hatten nicht genug zu essen, und der Weg zurück zu anderen Menschen war zu weit, also hockten wir da und schauten und hofften wider alle Vernunft, dass der Fluss wieder abnehmen würde. Mrs. Mac saß wartend da und ging dann zu ihrem Pferd, saß auf, ging hinüber zu Ulah May, die ihr das Baby gab, und bewegte sich auf den Fluss zu. Als sie in das brausende Wasser hineinging, schrien alle auf: „Nein". Sie hielt an, schaute zu uns zurück und ritt dann weiter. Die Panik, die alle verspürten, war greifbar und da wir erst vor Kurzem so viele Leben an genau diesen Fluss verloren hatten, waren wir alle sicher, dass ein Unglück bevorstand. Mitten im Fluss begann das Pferd wieder aus den Fluten zu steigen, und nach einigen weiteren Schritten stand es nur noch bis zu den Fesseln im Wasser, und wir begriffen schließlich, was wir an dieser Stelle vorher übersehen hatten. Offensichtlich war das Wasser über das Ufer getreten und war hier tatsächlich seichter als anderswo. Wir wussten alle, dass wir Mrs. Mac nie wieder anzweifeln würden. Innerhalb von Minuten hatten wir die Wagen angespannt und folgten Mrs. Mac, die am anderen Ufer auf uns wartete. So endete die Prüfung am Fluss, jedoch nicht alles, was wir noch erleben würden.

In den darauffolgenden Wochen zogen wir immer weiter, immer gen Westen und leicht nördlich. Dann, eines Tages, hielt Mrs. Mac auf einmal an, als sei sie vom Blitz getroffen und wandte sich direkt Richtung Norden, in eine kleine Schlucht. Wir zogen von einer kleinen Schlucht zu einer größeren und dann einer kleinen und dann einer größeren, bis wir vor dem riesigen schroffen Abhang eines felsigen Berges zum Stehen kamen. Unter diesem Felsen konnten wir durch den Schnee, der geräuschlos aus den Wolken herunterrieselte, ein Dach und Rauch ausmachen. Das Hochgefühl bei diesem Anblick, darüber, dass tatsächlich andere Menschen in unserer Nähe sein könnten, verlieh uns allen einen Funken Hoffnung und einen Enthusiasmus, den wir verloren hatten, ohne es zu merken. Wir versetzten unsere Pferde in Trab, und als der Klang des Geschirrs durch die Luft schallte, sahen wir kleine Gestalten aus der Tür der Holzhütte stürzen und begannen zu winken und zu rufen.

Wir kamen nach etwa fünfzehn Minuten am Blockhaus an und merkten bei unserer Ankunft, dass es nach Jahren der Vernachlässigung heruntergekommen und abgenutzt war, aber die beiden Bewohner begrüßten uns voller Würde und Freundlichkeit und Freude. Der Mann war um die Zwanzig und trug einen Bart, der schon lange nicht mehr gestutzt worden war. Sein Haar war zu einem langen Zopf geflochten, der über den Rücken bis unter seinen Po hinabreichte. Er trat vor und verbeugte sich förmlich, unbeholfen und schüchtern, wie jemand, der schon lange vergessen hat, was in Gesellschaft angemessen ist. ‚Hallo Freunde, willkommen in Hollow Valley. Dies ist unser Heim. Mein Name ist John Lancaster und dies ist meine Schwester Norma Lea. Bitte kommt herein, wir haben viele Hühner und wir können ein kleines Abendessen für euch kochen, willkommen, willkommen.‘ Die junge Frau neben ihm trug ein Kleid, wie wir es schon seit der Zeit nicht mehr gesehen hatten, als wir noch Geld hatten. Sie sah aus, als wäre sie bereit für einen Ball, obwohl der blaue Satin leicht schmutzig war, und die feine Spitze legte nahe, dass sie entweder verwirrt war oder es angezogen hatte, um uns zu beeindrucken. Sie sprach: ‚Mein Bruder und ich sind hier seit acht Jahren. Wir sind die letzten aus unserer Gruppe. Wir kamen hierher, um einen Weg nach Oregon zu finden, und unsere Gruppe verirrte sich. Wie landeten hier bei Wintereinbruch und beschlossen zu bleiben. So lange ist es her, dass wir jemand von außerhalb gesehen haben, aber kommt herein, es wird kälter und feuchter, bitte kommt herein. Wärt ihr alle bereit, beim Kochen zu helfen?‘

Während der Mahlzeit erfuhren wir, dass Norma Lea und John die jüngsten Kinder in ihrem Treck gewesen waren. Ihre Gruppe hatte sich in einem Schneesturm verirrt und folgte den Canyons (im Glauben, weiterzukommen), bis sie auf die Berge stießen. Als das Schneetreiben zunahm, bauten die Männer eine sehr große Holzhütte, in der alle untergebracht werden konnten, und errichteten Ställe für das Vieh und die Pferde. Es war schwierig im Schnee, aber besser als nichts zu tun. Glücklicherweise hatten sie viel zu essen und waren sicher, dass alles gut werden würde. Während des Winters hatten sie beschlossen, dass die Männer bei Frühlingsbeginn den Weg zurückgehen würden, den sie gekommen waren, und zu schauen, ob sie einen Pfad aus diesen Bergen hinaus finden könnten. Die Frauen und zwei Kinder sollten zurückbleiben. John hatte mit den Männern mitgehen wollen und verzweifelt argumentiert, dass er mit sechzehn auch schon ein Mann sei, doch er wurde überstimmt, und außerdem mussten sie jemanden zurücklassen, der die Frauen beschützen und schießen und sich um die Tiere kümmern konnte. Schließlich sah John dies ein. In den ersten beiden Jahren war es ihnen gut gegangen. Das Vieh durchstreifte das Tal und alle arbeiteten zusammen, gewiss, dass die Männer jeden Moment zurückkehren würden.

Der dritte Winter war härter als jene zuvor und einige der Rinder erfroren und mussten gegessen werden. Die Frauen wurden deprimiert und verloren die Hoffnung, dass ihre Männer jemals zurückkehren würden, und sie wünschten, sie hätten genug Pferde behalten, um die Planwagen einzuspannen und loszuziehen, doch dies war nicht möglich. Sie überstanden den Winter und Frühling, ihre Ernte wuchs, doch im Herbst nach einem trockenen Sommer schlug der Blitz am östlichen Ende des Tals ein, und das Feuer verschlang fast alles, was sie aufgebaut hatten. Alle nahmen Schaufeln und Decken und Wassereimer und machten sich an die Arbeit, um das Haus und die Ställe zu schützen. Zum Glück hatten sie hinter dem Haus den See, der von einer Quelle gespeist wurde, und da alle mit anpackten, retteten sie eine Menge. Das Vieh und die Pferde waren in dem Feuer verbrannt, doch sie hatten immer noch viele Hühner. Die Hühner und die Kartoffeln, die das Feuer überstanden hatten, waren alles, was sie fortan zu essen hatten. Im nächsten Winter wanderte eine der Frauen nachts hinaus in den Schnee und wurde nie mehr gesehen, wobei sie im Frühling Meilen von der Hütte entfernt blutige Kleidungsfetzen fanden, wahrscheinlich waren es Wölfe."

KAPITEL NEUN

„Nach dem Feuer schien die Hoffnung erloschen zu
sein, und eine Frau nach der anderen legte sich
einfach nieder und starb, als befeuerte Hoffnung den Wunsch
zu leben.

Norma Lea war acht Jahre alt gewesen, als sie in Hollow
Valley ankamen, und nun war sie sechzehn. Sie erklärte,
dass sie im Laufe der Jahre alle Kleider abgeändert hatte,
die zurückgelassen worden waren, und nun nur noch zwei
Kleider übrig hatte, eines für Trauerfeiern aus schwarzem
Taft, und jenes, das sie gerade trug, aus blauem Satin und
Spitzen. Sie erzählte uns, dass sie meistens Wildleder trug,
aber das Partykleid angezogen hatte, weil sie dachte, wir
würden sie nicht als Weiße erkennen, wenn sie uns mit ihrer
sonnengebräunten Haut und pechschwarzem Haar begrüßt
hätte. Wir lachten alle und meinten, dass wir Bescheid
gewusst hätten, sobald wir ihre blauen Augen gesehen hätten,
mussten jedoch auch zugeben, dass hierzulande viele erst
schießen und dann Fragen stellen.

Am Morgen des zweiten Tages begann Mrs. Mac ihre Habseligkeiten zusammenzusammeln, und wir erkannten alle, dass sie wollte, dass wir weiterziehen. Sie nahm Stormy und legte sie in die Schlinge, die sie gebunden hatte, um das Baby zu tragen. Hastig machten wir uns auch fertig, und die niedergeschlagenen Blicke von John und Norma Lea überraschten uns. Wir luden sie daraufhin ein, sich uns anzuschließen, und innerhalb weniger Minuten standen sie in ihren Wildledermonturen vor uns, jeder mit einer Tasche.

Wir schnappten uns die Teile von ihrem Pferdegeschirr, die noch brauchbar waren, und spannten den alten Planwagen an, der nach Jahren der Vernachlässigung halb von Unkraut überwuchert war. Zum Glück hatte John an der Hoffnung auf die Rückkehr der Männer festgehalten und jedes Jahr das Geschirr gepflegt und geölt, sodass es insgesamt in einem guten Zustand war. Als wir das Tal verließen, wieder den Weg einschlagend, den wir gekommen waren, und fast schon zurück an unserem Ausgangspunkt waren, wandte sich Mrs. Mac gen Nordwesten, flussaufwärts an einem seichten Fluss entlang, von dem niemand sich vorstellen konnte, dass er irgendwo hinführen würde. Nachdem wir zwei Stunden dem Flusslauf gefolgt waren, kamen wir zu einer Stelle, an der der Fluss sich teilte, und folgten dem linken Arm, der seichter, aber auch so felsig war, dass wir dachten, unsere Wagen könnten es nicht überstehen. Wir gingen stetig bergauf, bis wir uns in die Wolken der Berge hineinzubewegen schienen. Der Tag war von dunklen Wolken überschattet, die entweder Regen oder Schnee ankündigten, und die Temperatur begann zu fallen. Wir erreichten den Gipfel des Hügels und schauten zu den bedrohlichen Bergen hinauf, die unpassierbar und tödlich erschienen. Mrs. Mac wandte sich direkt nach Süden, den Bergrücken entlang.

Nach einigen Stunden verengte sich der Bergkamm und fiel an der ganzen Außenkante steil ab, in eine tiefe Schlucht, die wir nur hören, aber nicht sehen konnten. Unser Vertrauen in Mrs. Mac begann sich wie ein Fehler anzufühlen, doch es gab keinen Platz zum Wenden und der Schnee setzte ein. Anfangs langsam und schön anzusehen, dann kamen Schneeregen und Wind dazu. Innerhalb weniger Minuten froren wir erbärmlich. Wir holten Decken und alles Warme, das wir hatten, hervor und hielten einander warm. Wir erreichten das vermeintliche Ende des Bergkamms und Mrs. Mac ritt den Vorsprung hinab und verschwand. Mit wachsendem Unbehagen erreichten wir die Kante und dort war drei Meter tiefer eine breite Hochebene, groß genug für alle unsere Planwagen, und Mrs. Mac, die gerade Holz für ein Feuer sammelte. Obwohl wir noch viel Tageslicht hatten, schien dies der Ort zu sein, an dem wir die Nacht verbringen würden.

Als jeder unserer Wagen diese drei Meter tiefe steile Böschung hinuntermanövrierte, hielten die Bremsen und die Pferde arbeiteten hart, und bald hatten wir eine Wagenburg, die im Schnee zu schweben und alles Zeitgefühl und alles Geräusch auszublenden schien.

In den nächsten drei Tagen heulte der Schneesturm und schloss uns und unsere Wagen im Schnee ein. Das Feuer erlosch im Schneeberg und wir mussten kaltes Essen verzehren und versuchten, viel zu schlafen.

Der vierte Morgen brach sonnig und strahlend an, nur um uns zu zeigen, dass der Abhang von der Hochebene ein irrsinniger Schritt in einen steilen Tod war. Wir wussten nicht, was wir tun sollten, und dieses Mal schien die Unfähigkeit, mit Mrs. Mac zu sprechen, genau das zu sein, was uns zu einem langsamen Erfrierungstod verdammen würde. Mrs. Mac hatte es irgendwie geschafft, die Kuh zu melken und Stormy zu füttern, und sie begann zu singen und im Schnee zu kratzen und jedes Mal fand sie Holz, mit dem sie ein Feuer machen konnte. Unser Trockenzwieback war beinahe aufgebraucht und das Pökelfleisch gefroren, unser Mehl war knapp und die wenigen Kartoffeln, die wir von John und Norma Lea bekommen hatten, würden uns nicht mehr lange reichen.

Mrs. Mac gab Ulah May das Baby und verließ uns, sie ging wieder den Bergkamm hinauf. Nach kurzer Zeit kam sie mit zwei Hasen zurück. Wir hatten sie das schon oft tun sehen, aber niemand sah jemals eine Schleuder oder einen Bogen oder irgendwelche Spuren an den Hasen, die sie immer zu finden schien. Wir zogen ihnen das Fell ab und sie machte ein Feuer, fand einen großen Topf im Planwagen und gab Schnee, die Hasen, Kartoffeln und Pökelfleisch hinein. Nach etwa einer Stunde dampfte der Topf und die Düfte, die unsere Nasen bestürmten, weckten in uns den Wunsch zu essen, doch jedes Mal, wenn wir dachten, es wäre soweit, warf Mrs. Mac noch mehr Schnee hinein und das Aroma verflüchtigte sich genau in dem Maß, wie Dampf aus dem Wasser emporstieg. Es fühlte sich an, als quäle sie uns absichtlich, und doch konnten wir nicht ausreichend kommunizieren, um sie davon abzuhalten. Nach etwa drei Stunden nahm sie die Kelle, mit einem Ausdruck auf ihrem Gesicht à la ‚Okay, ihr Dummerchen, es ist soweit', und so stürzten wir alle los, um unsere Schüsseln zu holen, und wurden mit dem Köstlichsten beschenkt, das wir seit Monaten gegessen hatten.

Natürlich war es weniger als eine Woche her, dass wir unsere letzte Portion gebratenes Hühnchen gegessen hatten. Aber wenn man eingefroren ist und im Schnee versinkt, verliert die Erinnerung an Brathühnchen ihren Geschmack und das Jetzt wird sehr viel realer.

Nachdem alle ihre Portion bekommen hatten, gab Mrs. Mac noch mehr Schnee in den Topf und er schien fast wieder voll zu sein. Uns dämmerte, dass dies für mehrere Tage unser Essen sein würde und wir es erhalten mussten. Manchmal vergessen wir in der Freude des Moments, dass man nicht nur an die Gegenwart, sondern auch an die Zukunft denken muss.

Am zweiten Tag waren wir immer noch auf der Hochebene und hatten keine Ahnung, was als Nächstes kam, doch wie gewöhnlich begann Mrs. Mac, alles zusammenzupacken, und wir alle beeilten uns und trommelten die Pferde, die Kühe und die Menschen zusammen, um aufzubrechen.

Wir stiegen die drei Meter hohe Böschung hinauf, mit rutschigem Untergrund für die Pferde, und folgten dem Bergkamm einige Kilometer, und dann war auf der rückwärtigen, westlichen Seite ein Pfad, den man niemals aus der anderen Richtung hätte sehen, geschweige denn begehen können. Der Pfad war glatt vom gefrorenen Schnee, aber als die Planwagen sich hindurchwälzten und die Hufe der Pferde sich hineingruben, konnten sie Halt finden und rutschten nicht aus.

Am Ende des Tages waren wir in der Talsohle. Als wir Richtung Süden weiterzogen, fragten wir uns alle, ob es dort auch nur eine winzige Möglichkeit eines Durchgangs geben könnte. In dieser Nacht schlugen wir unser Lager auf und hörten die Wölfe den Vollmond anjaulen, der seltsame Schatten warf und leuchtendes Licht über einer Landschaft verbreitete, die uns so fremd war, dass wir das Gefühl hatten, den Planeten Erde verlassen zu haben und irgendwo gelandet zu sein, wo Schwarz Grün verdrängt hatte und allein Schnee und Kälte die Menschen mit einer geflüsterten Einladung des Todes begrüßten."

KAPITEL ZEHN

„Am nächsten Tag zogen wir weiter gen Süden und das Land wurde nicht einladender als zuvor. Am dritten Tag gelangten wir an einen breiten Fluss, der zugefroren war, und Mrs. Mac bog darauf Richtung Westen und Süden ab. Als die Planwagen darüberfuhren, konnten wir das Eis knacken hören und begannen alle das Gebet zu murmeln, das wir für Zeiten der Not gelernt hatten: ‚Bitte, Gott, lass einen Ort für uns da sein, einen Ort, an den wir gehören.'

Wir fuhren den ganzen Tag und die ganze Nacht hindurch, in das skurrile Mondlicht und zu den heulenden Wölfen. Wir wollten so gerne Rast machen, doch Mrs. Mac stieg nicht vom Pferd ab, noch nicht einmal, um das Baby zu füttern oder die klagende Kuh zu melken.

Als am zweiten Tag unserer Reise die Dämmerung anbrach, eröffnete sich eine Schneise am linken Flussufer und die scharfen Felsen teilten sich, wenn auch nur für einen Moment, und Mrs. Mac ritt ans Ufer und stieg ab. Wir folgten ihr und als wir die erschöpften Pferde abgeschirrt hatten, brannte schon ein Feuer und ein Topf gefrorener

Suppe stand darauf, und Mrs. Mac hatte die Kuh gemolken und fütterte Stormy, die sehr hungrig war.

Wir verbrachten den Tag dort schlafend, und die Pferde wühlten den Schnee vom trockenen Gras, das ihre einzige Nahrung für den Tag sein sollte. Diese wunderbaren Kreaturen; das Pferd ist Geschenk und Gehilfe für den Menschen, und wir nehmen es als selbstverständlich hin, dass es uns immer beschenkt und mit dem überlebt, wofür wir nicht sorgen.

Bei Einbruch der Nacht stieg Mrs. Mac wieder auf. Wir wollten alle protestieren, wir waren immer noch erschöpft von der vorherigen Nacht, und wieder aufzubrechen erschien wie eine Grausamkeit für uns und die Pferde. Die Kälte in dieser Nacht war so deprimierend, dass uns allen davor graute, uns wieder in Bewegung zu setzen, doch wir taten es. Wir fuhren diese ganze Nacht flussaufwärts, im Gefolge der Frau mit dem schlafenden Baby und in der Gewissheit, dass sie einen Grund haben musste, auch wenn wir ihn nicht begriffen. Wieder eine frostige Morgendämmerung und sie zog weiter, mit der Wärme der Sonne als wundervolles Geschenk für unsere frierenden Körper und Füße.

Wir fuhren bis zum Nachmittag, als wir bemerkten, dass das Eis durch die von der Sonne verursachte Schmelze nass wurde und die Risse im Eis, die in ihrer Regelmäßigkeit beinahe tröstlich geworden waren, recht laut zu knacken begannen. Wir umrundeten eine Flussbiegung und da war auf der rechten Seite eine breite Ebene zwischen den Bergen, und Mrs. Mac ritt das Ufer hinauf. Die Wagen begannen zu rutschen, als wir versuchten, diese Böschung zu erklimmen, und die Pferde stemmten sich in ihr Geschirr, als sie versuchten, sich auf den Beinen zu halten und gleichzeitig die Wagen hochzubringen. Der Aufschrei des Eises, als sich der letzte Wagen ans Land vorarbeitete, erschütterte uns alle mit dem Geräusch berstenden Eises unter dem Wagen. In diesem Wagen saßen Ulah May und Lulah May, und John Lancaster führte die Pferde. Die Angst, die wir alle verspürten, stand ihnen ins Gesicht geschrieben, doch John ergriff die Peitsche und schlug so heftig zu, dass die Pferde mit einer Energie einen Satz vorwärts taten, von der noch nicht einmal sie selbst wussten, dass sie sie hatten, und die Hinterräder erreichten den festen Boden am Flussrand und die Pferde schossen mit einem neuem Lebensfunken voran, der einem Rennpferd alle Ehre gemacht hätte.

Als wir alle im Gras und Schnee zum Stehen kamen, stiegen wir ab und umarmten einander und priesen John für das, was er getan hatte, und Ulah und Lulah küssten ihn so stürmisch, dass er errötete. Norma Lea segnete und küsste die Pferde, während all dies vor sich ging, und die stoische Mrs. Mac, deren Mimik uns selten etwas verriet, schaute mit dem Lächeln und dem Stolz einer Mutterhenne auf ihre Küken zu.

KAPITEL ELF

„Wir hielten dort zwei Tage Rast. Erst als das Eis zu schmelzen und zu brechen begann, verstanden wir endlich, welches Geschenk uns Mrs. Mac gemacht hatte. Wären wir nicht in Schnee und Kälte weitergereist, wären wir im Fluss untergegangen und ertrunken. Wir dankten alle Mrs. Mac und priesen sie, und auch wenn sie scheinbar nicht zu verstehen schien, was wir sagten, wussten wir, dass die Energie greifbar war.

Am dritten Morgen brachen wir wieder ins Ungewisse auf und baten immer noch darum, dass der Ort, an den wir gehörten, sich bald zeigen möge.

Nach einer weiteren Woche unterwegs ging uns das Essen aus. Wir konnten die Kuh nicht essen, weil wir Milch für Stormy brauchten, der Bulle war mit Matilda und den anderen ertrunken; die einzige Wahl, die uns blieb, war das Kalb. Wir schlachteten es und aßen es und machten Pökelfleisch daraus für den Rest des Weges. Allen war klar, dass das wenige Essen, das wir noch hatten, nicht mehr als fünf Tage für uns alle reichen würde, also zogen die Jungen

Jed, John und Joshua los, um zu sehen, ob sie Rotwild oder ein Wildschwein oder einige Hasen aufscheuchen konnten.

Wir fuhren noch drei Wochen lang weiter und die Landschaft hatte nun mehr hohe Bäume und weite Auen. Wir hatten mehr Schwierigkeiten und mussten öfter anhalten, um etwas zu essen zu finden. Die Rast tat den Pferden gut, denn sie legten immer mehr zu, mit dem grüner werdenden Gras im Frühling. Wir sahen langsam alle wie Vogelscheuchen aus, und auch wenn die Jungs Fleisch mitbrachten, wäre es schön gewesen, etwas Mehl und Salz und Zucker zu haben, das aber alles aufgebraucht war.

Eines Morgens wachten wir auf und sahen, dass wir Gesellschaft hatten. Zwei Indianer – einer war groß und trug faszinierenden Federschmuck, der andere war kleiner und trug einen Helm und einen Brustharnisch, die nach Konquistadoren aussahen. Sie begannen mit uns zu sprechen, ihr Englisch war akzentfrei und ihre Rede sehr deutlich.

‚Willkommen Freunde, wir haben auf euch gewartet. Euer Kommen wurde uns viele Monde vor dem Schnee angekündigt, wir heißen euch willkommen. Dies ist der Ort, den ihr gesucht habt. Wir haben Essen für euch und warme Quellen, in denen ihr eure Körper ausruhen könnt. Bitte folgt uns.'

Nur Norma Lea sah uns an und sagte: ‚Habt ihr sie sprechen hören?' Natürlich, wir hatten sie alle sprechen hören und dann sagte Norma Lea: ‚Ist euch nicht aufgefallen, dass sich ihre Münder nicht bewegt haben?' Wir waren alle so sehr von ihnen und ihrer Aufmachung fasziniert gewesen, dass es niemandem aufgefallen war."

KAPITEL ZWÖLF

„Als wir den beiden Männern folgten, ritt Mrs. Mac neben ihnen her. Sie schienen nicht zu reden, also sprachen sie möglicherweise eine andere Sprache. Gegen Mittag kamen wir zu einer kleinen Siedlung aus Tipis. Es gab keine Kinder in diesem Lager, nur Menschen mittleren Alters und alte Menschen. Der Ort strahlte eine Atmosphäre von Langlebigkeit und Traurigkeit aus, die wir nicht verstanden, aber wir waren glücklich über die Freude, die sie alle ob unserer Ankunft hatten. Als wir aus den Planwagen stiegen und begannen, unsere Pferde abzuschirren, versammelten sie sich um Stormy und waren ganz begeistert von dem kleinen Mädchen, das anfing zu lachen, als würde es gekitzelt. Dieses Geräusch hatte noch keiner von uns zuvor von Stormy gehört, da sie definitiv ihrem Namensvetter alle Ehre machte.

Die Frauen des Stammes begrüßten Mrs. Mac wie eine der ihren und dann ging ein Mann, der jüngste in der Gruppe, zu ihr hinüber und umarmte sie mit einer Wärme, die normalerweise Familienmitgliedern vorbehalten ist, und ihr Lächeln zeigte, dass sie dasselbe für ihn empfand. Er kam zu uns herüber und begann mit einem leichten Akzent zu sprechen. ‚Willkommen Freunde, ich bin Laufender Elch, dies ist meine Mutter. Ihr nennt sie Mrs. Mac. Sie hat mir vom Verscheiden meines Vaters und einem Großteil eurer Reise erzählt. Wir haben Essen vorbereitet, und wenn ihr gegessen habt, bringen wir euch zu den Badequellen, damit das Wasser eure Körper erfrischen und nähren kann. Die Männer bringen eure Pferde zum besten Gras; keine Sorge, sie werden nicht weglaufen. Dies ist genauso ihr Heim wie das eure.'

Bevor er gesagt hatte, dies sei unser Heim, hatten wir noch nicht einmal daran gedacht; tatsächlich fühlte sich dieser Ort anders an als alles, was wir je gefühlt hatten und er hatte tatsächlich eine sehr friedliche Vertrautheit an sich, als seien wir schon immer hier gewesen.

Das Essen, das sie für uns hatten, war Wild und etwas, das nach Huhn schmeckte, jedoch weicher war und keine Knochen hatte. Das Gemüse und die Nüsse waren uns unbekannt, doch nach Wochen ohne all dies schmeckten sie absolut himmlisch. Sie hatten eine seltsame brotartige Substanz, die flach und rund war, und das Beste war, dass es Salz gab und eine süße Masse, die, wie wir später erfuhren, auf Honig basierte und eine Spezialität dieser Leute war."

KAPITEL DREIZEHN

„N ach dem Essen kam Laufender Elch und sagte:
‚Würdet ihr jetzt bitte zu den Badequellen kommen,
das sind natürliche heiße Quellen, die eure Körper nähren
und heilen werden, und ihr werdet danach friedlich schlafen.'
Wir standen alle gemeinsam auf und folgten Laufender
Elch eine kleine Steigung hinauf und dann hinunter zu
einer Biegung des Flusses, der durch das Tal floss und einen
Großteil des Lebens hier ausmachte. Ulah May fragte: ‚Also,
wie nennt ihr diesen Ort?' ‚Wir nennen ihn einfach ‚den
Ort', erwiderte Laufender Elch. Wir alle nickten einfach
nur und erkannten, dass wir so viel erschöpfter waren, als
wir uns klargemacht hatten – müde bis auf die Knochen.
Als wir zu dem dampfenden Wasser kamen, das aus einem
von Felsbrocken eingefassten Becken floss, sagte man uns,
wenn wir heißeres Wasser wollten, müssten wir nur einige
Felsblöcke hochklettern und würden weiter oben ein heißeres
Becken finden. Niemand von uns hatte je einen solchen Ort
gesehen und wir verstanden nicht wirklich, was heißes Wasser
war – das Beste, was wir erlebt hatten, war eine Badewanne,
die ins Haus geschleppt wurde, und wir wechselten uns ab,

Wasser in Eimern zu kochen und gaben es zu dem Wasser dazu, das schon kalt aus dem Brunnen kam – dieses hier sah aus, als müsse es heißer sein als jeder Wassereimer direkt vom Herd, und es war ein großes Becken, wo alle unsere Wagen und Pferde reingepasst hätten und immer noch Platz für uns gewesen wäre.

Das ganze Dorf strömte zum Becken und als sie ankamen, zogen sich alle aus, als sei es absolut normal, sich vor Fremden zu entblößen. Die meisten von uns zogen unsere Kleidung nur dann aus, wenn wir ein neues Gewand anziehen wollten. Selbst beim Baden behielten die meisten ihre Unterwäsche an und wuschen sie zuerst aus und wickelten sich dann ein Handtuch um. Hier waren nun all diese Indianer und zogen sich einfach aus und liefen ins Wasser. Es erschien so natürlich, dass die meisten von unseren jungen Leuten es einfach auch machten. Der Rest von uns zögerte und begann dann zu überlegen, wie wir dies vermeiden könnten, ohne unhöflich zu sein.

Die beiden Männer, die uns auf dem Weg entgegengekommen waren, erschienen und traten vor uns und begannen, ihre Kleidung auszuziehen. Während sie das taten, fingen sie an, ganz leise zu sprechen und zu singen. Sobald dies geschah, verloren wir irgendwie all unsere Hemmungen und legten unsere Kleidung ab, als hätten wir das schon immer so gemacht. Wieder flüsterte Norma Lea: ‚Sie bewegen ihre Lippen immer noch nicht, und doch höre ich sie sprechen‘, und dieses Mal bemerkten einige von uns dasselbe. Als wir später darauf zurückblickten, erkannten wir, dass wir es hätten hinterfragen und wenigstens ein wenig Anstand übrig haben sollen, uns nicht einfach vor vollkommen Fremden auszuziehen, besonders, da die meisten von uns einander noch nie splitterfasernackt gesehen hatten, aber das taten wir nicht. Wir fühlten uns eher wie Kinder, deren Neugier ihre Vernunft übermannte und wir starrten ohne Scham die nackten Menschen an, die in das Becken stiegen. Es ist seltsam, wenn man zurückschaut und erkennt, dass nichts von dem, was uns als gottesfürchtigen Christen durch den Kopf hätte gehen sollen, überhaupt existierte. Das Außergewöhnlichste, was uns alle später verblüffte, war, dass die Körper all der Menschen hier, egal, wie alt sie waren, weder faltig noch schlaff waren. Vielleicht lag das einfach daran, dass sie Indianer waren, aber all die weißen Leute, die wir je gekannt hatten, hatten mit fünfzig schon schlaffe Haut und Falten. Keiner der Leute hier sah aus, als wäre er überhaupt gealtert, und im schwindenden Licht des Sonnenuntergangs wurde es immer schwieriger irgendjemanden zu erkennen.

Als die Dunkelheit hereinbrach und der Neumond aufging, der uns nur eine schattenhafte Ahnung der Menschen schenkte, die in diesem wundersamen Wasser badeten, begannen wir, uns an die heißen Felsen zu lehnen und zu entspannen. Die Wasserlöcher während der heißen, schwülen Sommer in Georgia waren eine Freude gewesen in der Erfrischung der Kühle, doch diese Wasserbecken mit ihrem heißen Wasser und der Ruhe, die wir alle empfanden, begannen, die Steifheit und Wundheit langsam zu mildern, an die wir uns so sehr gewöhnt hatten, dass wir gar nicht bemerkt hatten, dass sie da waren, bis dieses sanfte und umschmeichelnde Wasser ihnen erlaubte abzufallen."

KAPITEL VIERZEHN

„**R**yan Boyle, der mit Lulah May verheiratet war, war sozusagen zum Anführer unserer Gruppe geworden, und er hielt es für seine Aufgabe, alles von den Anführern dieser Gruppe zu erfahren, was er konnte, etwa, ob wir hier in Sicherheit wären, worüber wir uns Sorgen machten müssten und was sie von uns erwarteten. Er hatte es geschafft, die beiden, die uns als Erste begrüßt hatten, im Auge zu behalten, merkte aber, dass er keine Ahnung hatte, wie sie hießen. Als er sich durch den Teich bewegte, um sich auf den freien Platz neben sie zu setzen, hörten wir alle sie sagen: ‚Ich bin Lange Feder und mein Freund hier wird der Uralte genannt.' (Es stand außer Frage, wer wer war.) ‚Ihr müsst wissen, dass wir euch erwartet haben. Jonathan MacDonald und Mrs. Mac kamen, um euch zu finden. Wir hörten eure Bitten um einen Ort vor vielen Monden, und sie kamen, um euch zu finden. Mac war die letzte Person, die uns aufsuchte, vor vielen, vielen Monden, und Laufender Elch ist sein Sohn. Laufender Elch ist das letzte Kind, das bei uns geboren wurde. ‚Der Ort' ist der sicherste Ort auf Erden. Er kann nicht zufällig entdeckt werden, ihr kamt hierher allein durch euer Verlangen und durch euer Bitten, was ihr als eure Gebete bezeichnen würdet. Wir erwarten nichts von euch, wir bitten euch nur, dass ihr die Traditionen dieses Ortes fortführt und sie euch zu eigen macht.'

Ryan sprach laut, damit alle ihn hören konnten: ‚Was sind die Traditionen hier und was müssen wir euch für dieses Land geben?'

Wieder sprach Lange Feder leise: ‚Es gibt keine Bezahlung für dieses Land, da wir es nicht besitzen, es besitzt uns. Wir sind nur die Verwalter dieses Landes, es nährt uns und sorgt für uns, und nicht umgekehrt. Es hat sich uns geschenkt und nun lädt es euch ein, euch von ihm nähren zu lassen.'

‚Lasst es mich erklären,' sagte der Uralte. ‚Vor langer Zeit, länger, als ich mich erinnern kann, wurde mein Volk von jenen angegriffen, die die Rüstung trugen, die ich nun besitze. Diese Menschen waren grausam und bösartig in ihrem Streben nach dem goldenen Metall, das meine Leute fanden und zur Dekoration verwendeten. Mein Volk wurde von diesen Leuten verfolgt, und als wir flohen, baten wir um einen sicheren Ort, den sie nicht finden könnten. Meine Vorfahren flohen nach dem letzten Kampf, demjenigen, der meinem Großvater die Rüstung bescherte, und fanden ‚den Ort'. Die Familien lebten hier viele Jahre, doch langsam, als viele alt wurden – aber niemand alt aussah – entdeckten sie, dass keine Kinder kamen. Nach eurer Zeit lebte mein Volk Hunderte von Jahren und ich bin der Letzte meines Stammes. Lange Feder ist mein Sohn, nach eurer Zeit ist er Hunderte von Jahren alt, und nur, wenn jemand Neues kommt, können wir wieder mehr werden. Nur jene, die darum bitten, ‚den Ort' zu finden, können dorthin gelangen, und als Neuankömmlinge können sie Kinder bekommen.

Es ist schon über hundert Jahre her, dass der letzte Mensch zum ‚Ort' kam und das war Mac. Seit hundert Jahren haben wir keine neuen Kinder hier gehabt, und die Menschen sind traurig und haben darum gebetet, dass die Neuen kommen, um ihren Platz einzunehmen. Mit eurer Ankunft werden nun viele zum Großen Geist gehen, da sie ihr Versprechen gegenüber dem Land erfüllt haben. Es wird ihre Wahl sein zu gehen. Einige haben bereits beschlossen zu gehen, aber viele sind neugierig auf die neuen Kinder, die ihr hervorbringen werdet.'

‚Wenn ihr wählt, das Land zu ehren, werdet ihr zustimmen zu bleiben und ihr werdet Hunderte von Jahren leben und nur Kinder mit jenen haben, die neu sind. Es wird zugleich schwierig und freudig sein. Ihr werdet immer das Recht haben zu gehen und viele werden das tun. Die meisten werden nicht länger als vierzig Jahre weg sein und dann wiederkehren, um für den Rest ihres Lebens zu bleiben. Es ist immer eine Wahl, aber wenige Orte auf der Erde werden euch so nähren und umsorgen wie ‚der Ort'.

Wir saßen alle völlig überwältigt da, wollten nicht glauben und wünschten uns zugleich zu glauben, dass der alte Mann log, die Leichtigkeit seiner Erzählung löste alle Skepsis auf, die wir aufbringen konnten, und die Einfachheit und die Wahrheit des Gesagten erschienen überlebensgroß.

In dieser Nacht wurde nicht mehr gesprochen und wir gingen alle zu Bett, schleppten uns aus dem Becken, so entspannt, dass wir uns kaum mehr bewegen konnten, und krochen in unsere Betten, Lagerstätten, Schlafplätze, oder sogar in die Zelte mit den Indianern auf das weiche Fell der Tiere, die uns noch unbekannt waren. Niemand von uns dachte in dieser Nacht nach, und am Morgen waren wir über alle

Gary M. Douglas

Zweifel hinweg und in absoluter Neugier und dem Bedürfnis nach anderen Möglichkeiten. Es ist erstaunlich, dass, wenn man das hört, was wahr ist, ein Gefühl von Leichtigkeit und Richtigkeit entsteht, und wenn man eine Lüge hört, es sich immer schwer anfühlt. Die Nacht hatte die Wahrheit heller werden lassen, und das Vertrauen in diese Menschen war greifbar. Wir hatten uns dem Land verschrieben, ohne es überhaupt besprochen zu haben, und irgendwie wussten wir es alle. Von diesem Tag an gab es nie wieder eine Diskussion, die eine Abstimmung erforderte, wir wussten einfach, was jeder von uns über alles dachte."

KAPITEL FÜNFZEHN

Onkel Jed hatte seine Geschichte über drei Tage hinweg erzählt. Jeder Tag endete damit, dass ich einschlief, als er meine Füße massierte. Der letzte Tag jedoch hatte meine Kruste der Skepsis bis zur Wundheit aufgekratzt. Ich wusste, dass er diesen Mist glaubte, aber ich würde mich sicher nicht darauf einlassen. Wie zum Teufel konnte irgendjemand mit auch nur einem Funken Verstand glauben, dass dieser Mist wahr war? Die Tür quietschte wieder und da war die schöne Ruth mit dem Frühstück. Es roch gut und sie sah gut aus und ich wollte immer noch glauben, dass die Welt so normal war wie vor dem Unfall. „Guten Morgen, Ruth, was gibt es zum Frühstück?"

„Guten Morgen, Jacob. Ich finde dich auch schön. Zum Frühstück gibt es heute Eier und Hirschsteak. Passt dir das? Heute möchte sich der Rest unserer Gemeinschaft dir vorstellen. Wäre das in Ordnung für dich?"

„Ich wusste nicht, dass es hier noch andere Leute gibt. Wie kommt es, dass ich sie nicht so spüren kann wie dich, Onkel Jed und die Jungs?"

„Jacob, sie wollten deine Heilung nicht stören und wollten, dass du dich wohl fühlst, also haben sie ihre Präsenz vor dir verborgen, um sicherzugehen, dass du schon auf einem guten Weg bist, bevor du sie zu dem Gesamtbild davon hinzufügen musstest, was es bedeutet, ‚am Ort‘ zu sein."

„Können sie jetzt hereinkommen und sich vorstellen?"

Als die Tür sich knarrend öffnete, kam eine umwerfende Frau Mitte dreißig oder Anfang vierzig durch die Tür. „Hi, ich bin Stormy Lancaster und dies ist mein Mann John."

„Hallo, Jacob, mein Name ist Laufender Elch", sagt er, als er mir die Hand zur Begrüßung entgegenstreckt. Als er mir die Hand schüttelt, spüre ich eine seltsame Verschiebung, als habe sich das Bett verschoben und dann wieder dorthin zurückbewegt, wo es hingehört. Ich spüre Laufender Elch so wie ich die Jungs und dann Onkel Jed und Ruth gespürt habe, und meine Welt erweitert sich auf eine Art, die ich nicht beschreiben kann.

„Und dies muss Norma Lea sein", sage ich in meinem besten sarkastischen Tonfall.

Sie lacht und ich weiß, dass sie mich anlacht, und aus irgendeinem Grund gefällt mir das und ich beginne, mit ihr zu lachen. Mit dem Lachen verschwindet das Bedürfnis, ein Skeptiker zu sein und ich merke, dass es ein vages Wiedererkennen all dieser Menschen gibt, das ich auf ein Zugehörigkeitsgefühl zurückführen kann, und doch spukt in meinem Hinterkopf das fehlende Gefühl, dass dies real oder normal ist, und der Diktator der Vergangenheit schreit, dies könne nicht so sein und ich sollte es nicht glauben. „Jacob", sagt Norma Lea, „alles, was du von Jed gehört hast, ist real. Ich weiß, wie schwer es ist zu glauben, dass Menschen

Hunderte von Jahren leben und kaum altern können, das funktioniert nicht in der sogenannten ‚realen Welt‘, aber vielleicht könntest du in Betracht ziehen, dass sogar die Bibel von Menschen spricht, die Jahrhunderte alt werden. Wir sind der lebendige Beweis dieser Möglichkeit."

Ich weiß nicht, was ich sagen soll, und mir dreht sich der Kopf beim Gedanken, dies sei real. Ich suche nach Ungereimtheiten und allein dieses scheinbare Nichtaltern lässt dies im besten Fall verdächtig erscheinen. Ich möchte glauben, dass alles irgendwie ein riesiger Betrug ist, aber ich habe nicht viel Geld und das Gewahrsein dessen, was ich mit Ruth habe und hatte, lässt es überlebensgroß erscheinen. Wie kann ich das, was ich bisher als Realität kannte, mit der anderen Realität vereinbaren, die mir jetzt offenbart wird?

Norma Lea tritt ans Bett, beugt sich herunter und gibt mir einen Kuss auf die Stirn. Wieder dieses seltsame Gefühl, dass das Bett sich bewegt und die Welt sich verschiebt, und ich weiß, dass ich sie spüren kann, und damit einher geht ein Gewahrsein aller Menschen in diesem Dorf und auch ein Gefühl von den Bäumen und den Pflanzen und den Tieren, und als ich meine Augen schließe, kann ich die Welt da draußen meilenweit spüren, und den Fluss und die heißen Quellen und die Hütten und die tausend anderen Dinge, die ein Gespür von Sein und ein Gewahrsein ihrer selbst haben, von denen ich dachte, sie gehörten nur den Menschen.

Laufender Elch macht einen Schritt auf mich zu und setzt sich auf das Bett, schon ganz schön zudringlich, die Leute hier … Ich hatte noch nicht einmal irgendjemanden eingeladen sich hinzusetzen, und alle sitzen im ganzen Zimmer auf Stühlen.

„Jacob, wir wollen nicht, dass du akzeptierst, was unsere Realität ist – Skepsis und Verwirrung kommen von unzureichenden Informationen. Norma Lea hat dir gerade ein neues Maß an Gewahrsein eröffnet, das erst der Anfang dessen ist, was du wissen wirst und was dir zur Verfügung steht. Wir sind hier, um dir die Informationen zu geben, die du benötigst, aber wir können sie dir erst geben, wenn du uns darum bittest. Nicht erbetene Informationen verfaulen und zersetzen sich im Verstand, wenn sie nicht mit dem Gewahrsein dessen gereinigt werden, was du entweder bereits weißt oder als Wahrheit erkennen kannst." Der leichte Akzent, der zu der Geschichte passt, die Onkel Jed mir aufgetischt hat, ist so echt, dass er mich verwirrt und neugierig macht. „Okay, wie viele seid ihr hier und wie viele von euch wurden vor 1860 geboren?"

KAPITEL SECHZEHN

„Achtundzwanzig von uns sind vor 1860 geboren und weitere fünfzig gehören entweder zu unserer Gruppe oder sind seither auf die Welt gekommen. Manche der fünfzig haben ‚den Ort' während ihrer Zeit des Bittens gefunden. Nicht alle aus unserer Gruppe sind derzeit bei uns, manche gehen in die Welt da draußen, um diejenigen zu finden, die nach uns suchen, obwohl sie oft nicht wissen, wonach sie suchen.

Sag du mir, wie viele gerade im Lager sind. Du kannst deine Sinne nutzen, um sie zu zählen, oder du kannst einfach dem Wissen erlauben, deinen Verstand mit der Antwort zu füllen."

Ich drifte in diesen Raum, den ich mit den Entlein und dem Bach hatte, und plötzlich weiß ich wie durch Magie, dass siebenundsechzig Leute da sind.

„Ja, Jacob, das stimmt, momentan sind siebenundsechzig von uns in unserem Areal", sagt John.

Dies ist das erste Mal, dass ich John habe sprechen hören, und sein Akzent ist dem von Ruth so ähnlich, dass ich das Gefühl habe, es gebe da etwas, das ich wissen müsse, aber ich kann es nicht genau benennen. „Gut, ich habe eine Frage. Wie kommt es, dass, wenn ihr alle angeblich dasselbe Alter wie Jed habt, er so viel älter aussieht als der Rest von euch?"

John spricht: „Nun, wir haben entdeckt, dass manche nach einer anderen Möglichkeit im Leben suchen, so wie auch du. Sie bitten immer um den Ort, an den sie gehören. Jed beschloss 1916, dass er etwas von der Welt sehen wollte, und ging von hier weg, um Abenteuer zu erleben. Wenn man fünfzig Jahre am selben Ort lebt, muss man ihn ab und zu verlassen. Er war zuvor schon über kürzere Zeiträume weggegangen, war jedoch immer wieder mit dem Gefühl zurückgekehrt, dass die Welt ein ziemlich verrückter Ort ist und dass es mit der Zeit besser werden könnte. Was am schwersten fällt, wenn man mit dem Gewahrsein lebt, das wir hier haben, ist, spüren zu können, was auf der ganzen Welt geschieht, und die Orte, an denen es Krieg und Hungersnöte gibt, schmerzen so sehr, als wären wir selbst dort. Jedenfalls brach Jed 1918 auf, wissend, dass der dir unter diesem Namen bekannte Erste Weltkrieg bald vorüber wäre, und wünschte sich, alle Heilung, die er bewirken konnte, in die Welt zu bringen, und er machte sich auf, diejenigen zu finden, die ihn brauchten, wo die moderne Medizin versagte. Er nahm eine Arbeit als Krankenpfleger in einem Krankenhaus für Menschen auf, die während des Krieges einen Nervenzusammenbruch erlitten hatten. Als die Menschen unter seiner Obhut wundersame Heilung erfuhren und aus ihrem entrückten Zustand herausfanden, verbreitete sich das Gerücht, er sei ein Wunderheiler.

Eines Tages kam eine Frau ins Krankenhaus, Jed sah damals
etwa wie fünfundzwanzig aus und diese Dame war dreißig.
Jed wusste beim ersten Anblick, dass dies die Frau sein würde,
die seine Kinder bekommen und ihm so wichtig werden
würde wie das Atmen. Ihr Bruder lag im Krankenhaus auf
einer anderen Station und war so sehr der Realität entrückt,
dass man nicht sicher war, ob es ihm je wieder gut gehen
würde, und man versuchte, sie dazu zu bewegen, ihn in eine
Nervenheilanstalt zu verlegen, um sich überhaupt nicht
mehr mit ihm auseinandersetzen zu müssen. Ihr Name war
Lenora und sie stammte aus einer Familie, deren Mitglieder
viele Jahre als Erweckungsprediger herumgezogen waren.
Die Krankenwärter mochten Lenora, da sie freundlich und
fürsorglich war in einer Zeit, in der die meisten wütend
waren. Sie erzählten ihr von dem seltsamen Mann, der den
Patienten half, wenn die Ärzte es nicht konnten, und sie
suchte ihn auf.

Jed hatte bereits mit einigen Ärzten Probleme gehabt, aber
die Schwestern hatten so viel Hilfe erfahren und so viele
Patienten genesen sehen, dass sie alles taten, um ihn zu
beschützen.

Lenora kam und schaute ihm ins Gesicht und erkannte, dass
alles wahr war, dass Gott tatsächlich einen Engel geschickt
hatte, um ihr zu helfen. Sie machten einen Spaziergang
im Garten und nach drei Stunden, (in denen sie sich
unterhielten,) überzeugte sie Jed, ihnen zu helfen. Die Ärzte
auf Leonards Station hatten Jed hinausgeworfen, als er mit
Lenora zu Besuch kam; offensichtlich war er bekannter, als
ihm klar war.

Lenora lud Jed ein, mit ihnen in ihrem Haus zu leben, und
erklärte sich bereit, ihn für das zu bezahlen, was er für ihren

Bruder würde machen können. Er stimmte zu, das Geld und alles andere waren ihm egal, er hätte sogar dafür gezahlt, um bei ihr bleiben zu können.

Lenora ließ Leonard ins Haus bringen und Jed zog ein. Leonard brauchte zwei Tage, um sich zu beruhigen und weitere vier Monate, um wieder am Leben teilhaben zu können. Während dieser Monate zeigte sich der Engel bisweilen von seiner nicht ganz engelsgleichen Seite, und er eroberte Lenora mit Leib und Seele. Sechs Monate später wurden sie getraut und Leonard sang und tanzte und lachte mit ihnen und für sie.

Acht Monate später wurde das erste ihrer Kinder, Rebecca, geboren, am 1. April 1920.

In den nächsten sechs Jahren kamen drei weitere Kinder und mit jedem Kind wuchs das Verlangen in Jed, an ‚den Ort‘ zurückzukehren. Über die Jahre hatte Jed davon gesprochen, aber nie sein wahres Alter erwähnt, und er liebte Lenora so sehr, dass er immer weiter ihrem Bedürfnis nachgab, mit ihrer Familie zusammen zu sein und im Haus der Familie zu bleiben, das ihr Urgroßvater gebaut hatte. Er erkannte, dass er sie nie dazu bringen würde zu glauben, dass das, was er tun konnte, auf irgendetwas anderem beruhte als auf der Liebe und den Gaben Gottes.

Im Jahr 1926 heiratete Leonard eine bezaubernde junge Frau namens Barbara und innerhalb eines Jahres wurde ihre Tochter Ruth geboren.

Während des Börsensturzes verlor die Familie ihr Vermögen und ihnen blieb nur noch das Haus. Die beiden Ehepaare zogen samt ihren Kindern zusammen und begannen, Untermieter aufzunehmen, um ein Einkommen zu generieren. Zum Haus gehörten zwanzig Hektar Land und die Erwachsenen begannen, Getreide anzubauen. Alles schien recht gut zu laufen, bis die Hasen die zarten Sprösslinge der saftigen Kürbisse und Salatköpfe und das Grün der Möhren entdeckten, die aufhören zu wachsen, wenn man das Grün abtrennt. Fleisch war Mangelware und es gab nicht genug Geld, um den Lebensmittelhändler zu bezahlen, also überredete Jed den Metzger, Mehl gegen Hasen einzutauschen. Zum Glück hatte er Mrs. Macs Trick gelernt, die Hasen davon zu überzeugen, sich selbst zu opfern, um der Familie zu helfen. So hatten die beiden Paare und ihre Kinder es mit der Zeit immer ein wenig leichter."

KAPITEL SIEBZEHN

Ich erwachte zum Geräusch des knisternden Feuers. Es muss kalt draußen sein, wenn das Feuer an ist. Ich frage mich, wann es angezündet wurde, ich kann durch die zugezogenen Gardinen sehen und spüre die Kälte, die sich in der Dunkelheit des Himmels abzeichnet, dass dies ein großartiger Tag zum Lesen und Einkuscheln im Bett wäre.

Ich denke an meinen Sohn und die Tür öffnet sich ächzend und Roy kommt mit einem Haufen Feuerholz hinein.

„Hi Roy, wie geht es dir? Ist es wirklich kalt draußen?" Natürlich hatte ich die Kühle des Windes gespürt, als er die Tür öffnete.

„Mr. Rayne, Sie sind so lustig, Sie kennen die Antwort schon und spüren den Wetterumschwung, warum fragen Sie so etwas Dummes?"

Ich merke, dass er recht hat – in meiner anderen Welt sagt man unlogische Dinge, als sei dies nötig, um Kommunikation zu pflegen, und ich bin mir auf einmal gewahr, dass ich mit

Menschen, die bereits wissen, was ich weiß, eine andere Art des Umgangs wählen muss und wir nicht vorgeben müssen, es sei unmöglich, totales Gewahrsein von allem zu haben, das uns zur Verfügung steht.

„Wissen Sie, Mister Rayne … gut, ich nenne dich Jake, wenn du willst – wir wissen Bescheid und wir möchten dich nicht unnötig verunsichern, also was immer du sagen musst, wir werden dein Bedürfnis achten … und Rob und ich treiben gerne unseren Schabernack mit den Leuten, also lassen wir dich wissen, was du darüber wissen musst, was du weißt, das wir bereits wissen, wenn du weißt, was ich meine?"

Sein Lächeln sagt alles. Die Sanftheit und Freundlichkeit, mit der ich gerade zurechtgewiesen wurde, amüsiert mich unheimlich und ich lache aus dieser intensiven, süßen Freude, die, wie ich dachte, nur mit meinem Kind einherging. Als das Lachen erstirbt, frage ich mich, ob die Jungs das Feuer überhaupt erst angezündet haben und auf diese seltsame Art gekommen sind, die scheinbar kein Mitwirken von Türen oder Wänden erfordert.

„Jake, du liegst falsch, wenn du meinst, dass die Türen und Wände nicht mitwirken. Sie sind Moleküle wie wir, die schwingen, um die sichtbare Welt zu kreieren, und deswegen müssen wir in derselben Frequenz wie sie schwingen, damit sie uns nicht davon abhalten können, uns als der Raum zu bewegen, der wir im Zusammenspiel mit ihrer Schwingung sind, also lassen sie uns durch sie hindurchgehen, wie du es nennst."

„Danke, Roy, ich habe immer das Gefühl, euch Jahre hinterherzuhängen in dem, was ihr wisst und wie ihr mit einer Welt funktioniert, an deren Existenz ich glauben möchte, aber es ist einfach so schwierig zu denken, dass alles das Gegenteil von dem ist, was es zu sein erscheint."

„Jake, was du glaubst, ist es, was dich von dem abhält, was du wahrnehmen und wissen kannst. Du hast deine Glaubenssätze gewählt, um die Welt so zu verstehen, wie alle anderen sie gesehen und gesagt haben, dass sie sei. Hier funktionieren wir ohne Glaubenssätze, dafür aber aus vollkommenem Gewahrsein, also müssen wir nicht glauben, zweifeln zu können, um zu glauben, was nicht wirklich wahr ist, müsse wahr sein."

„Roy, du klingst wie mein Philosophielehrer in der Schule, nur wollte er mich immer davon überzeugen, ich müsse an das glauben, was ich nicht sehen kann. Es ist sehr seltsam, mit einem Zwölfjährigen zu sprechen, der mehr weiß als die Weisheitsgelehrten."

„Wer sagt, dass ich zwölf bin?"

KAPITEL ACHTZEHN

U nd mit diesen Worten verschwindet er. Ich schätze, er hat recht. Ich hatte nur angenommen, er müsse zwölf sein, weil sein Körper so aussieht, aber wenn Stormy nach fünfundzwanzig bis dreißig aussieht und in den 1860ern geboren wurde, müssten die Jungs viel älter sein, als sie aussehen, und alle anderen auch.

Die Tür knarrt und „sie" kommt mit einem weiteren Tablett voller Eier mit Speck herein, und ich spüre, dass es eine Art Toast gibt, der großartig duftet.

„Guten Morgen, Jacob. Wie fühlst du dich heute?"

Plötzlich merke ich, dass sie weiß, wie ich mich fühle, und dass diese Fragen hier nie gestellt werden müssen. Ich mache mir Gedanken über diese schöne Frau, die ich schon so lange kenne und zu der ich schon so lange gehöre, was soll ich sagen, und was muss ich sagen und wo soll ich anfangen.

„Jacob, ich weiß schon, was du denkst, und habe alles Gewahrsein über dich, das ich je brauchen werde, da wir gemeinsam die Frage sind. Vielleicht kannst du mir einige Fragen stellen, um die Klarheit zu gewinnen, die du dir wünschst, und den Frieden, der mit der Gewissheit dessen einhergeht, was du nur ahnst."

Plötzlich erinnere ich mich an die Geschichte über Jed und seine Liebe, Lenora, und wie Leonard und Barbara im Jahr 1928 eine Tochter namens Ruth bekommen hatten. Nein, das kann nicht sein, wenn das wahr wäre, müsste sie etwa dreimal so alt sein wie ich, obwohl sie aussieht, als wäre sie in meinem Alter.

„Ja, Jacob, Barbara und Leonard waren meine Eltern, und obwohl ich länger auf der Erde bin als du, heißt das nicht unbedingt, dass wir älter sind."

„Gut, Ruth, nun musst du mir den Rest der Geschichte erzählen, die John und Laufender Elch gestern begonnen haben."

KAPITEL NEUNZEHN

S ie setzt das Tablett auf dem Bett ab, und als ich anfange
zu essen, habe ich das Gefühl, als änderten sich Zeit
und Raum, und dass nach dieser Unterhaltung und dieser
Mahlzeit alles, woran ich geglaubt habe, verschwunden sein
wird.

„Jacob, als ich acht Jahre alt war, starben meine Eltern bei
einem Autounfall und ich lebte bereits bei Onkel Jed und
Tante Lenora, und Rebecca und ich fühlten uns eher wie
Schwestern als wie Cousinen, wir Kinder haben immer alles
zusammen gemacht.

Tante Lenora hasste die Wirtschaftskrise und hatte
es so schwer, ihr Elternhaus als Gästehaus zu nutzen,
dass Onkel Jed beschloss, etwas zu unternehmen. Eine
Fähigkeit, die er als junger Mann entdeckt hatte, bestand
darin, Metallgegenstände zu finden, die in der Erde
verborgen waren. Das Haus der Familie befindet sich an der
Ostküste und wurde auf dem Schauplatz einer berühmten
Bürgerkriegsschlacht errichtet. Onkel Jed begann, alte

Metallobjekte für Tante Lenora zu finden, und sie kannte einige Familien aus den Zeiten, als sie noch Geld hatten, die Sammler waren, und verkaufte sie dann. Einer seiner Ausflüge führte Onkel Jed in den Wald, der an die Hauptstraße grenzte, und er fand dort eine vergrabene Stahlkiste. Sie enthielt Goldmünzen im Wert von 4.000 Dollar. Ein Vermögen zu dieser Zeit, und obwohl sie nie herausfinden konnten, ob sie jemandem bestimmten gehörte oder einem Gangster, der getötet wurde, versetzte sie die Familie wieder in die Lage, Geld zu haben. Mit diesem Geld ging Tante Lenora hinaus in die Nachbarschaft und die Nachbarorte und kaufte Antiquitäten, die die Leute auf Dachböden und in Ställen zurückgelassen hatten. Sie kannte sich damit aus, von ihren Zeiten auf Reisen nach dem Ersten Weltkrieg.

Da ihre Familie zur wohlhabenden Schicht gehört hatte, kannte sie sich auch mit Schmuck aus und fing an, Menschen zu finden, die ihn verkaufen wollten, und sie reiste nach New York, um wieder Kontakt zu alten Freunden aufzunehmen, die noch Geld hatten, und verkaufte die Dinge, die sie fand. Meine Eltern stiegen auch in das Geschäft ein und bauten bald einen eigenen Kundenstamm auf. Papas alte Kriegskameraden hatten Geld und Arbeit, und er und Mama konnten ein Auto kaufen, das es leichter machte, die Antiquitäten und den Schmuck zu finden und zu transportieren. Sie kamen von einer Einkaufstour in Chicago zurück, als die Polizei begann, einige Alkoholschmuggler zu verfolgen. Einer der Polizeibeamten erschoss Papa aus Versehen und das Auto kam von der Straße ab und Mama starb.

Danach änderte sich mein Leben und Tante Lenora verlor ihren Schwung und ging bald nicht mehr aus dem Haus. Onkel Jed war ziemlich gut darin geworden, Dinge zu finden und zu vernünftigen Preisen zu verkaufen, und während Tante Lenora als harte Verhandlungspartnerin bekannt gewesen war und als Verkäuferin, die immer den Höchstpreis erzielen konnte, kannte man Onkel Jed bald als einen Mann, der gegenüber beiden Seiten übermäßig fair war. Tante Lenora fand es seltsam, dass er mehr zahlte und zu geringeren Preisen verkaufte und sie ständig reicher wurden.

Im Jahr 1941 griffen die Japaner Pearl Harbor an. Onkel Jeds Söhne meldeten sich zum Kriegsdienst, sobald sie konnten. Der älteste war am Tag des Angriffs neunzehn Jahre alt und meldete sich zwei Tage später. Das war Harry. Sein jüngerer Bruder musste bis zu seinem achtzehnten Geburtstag warten, der im Mai 1942 war. Sie zogen sehr entgegen des Wunsches von Onkel Jed in den Krieg, der viel mehr als andere spüren konnte, was für eine Farce Krieg ist.

Im Jahr 1943 wurde Harry auf einer Insel im Pazifik getötet. Seine Leiche wurde uns nach Hause gebracht und er wurde im Familiengrab beerdigt. Tante Lenora war am Boden zerstört und begann jeden Tag zu beten, dass Gott Henry vor dem Unglück bewahren möge, das ihm bevorstand.

Rebeccas Freund Jimmy beschloss, es sei an der Zeit für ihn, zur Armee zu gehen, und sie bestand darauf, sofort zu heiraten. Die Hochzeit war wunderschön, im Frühlingsgarten des Elternhauses, und fünf Tage später zog er in den Krieg. Neun Monate später wurde ihr erstes Kind, Damon, geboren. Tante Lenora kam endlich aus ihrer Depression heraus, da das Kind Hoffnung und Zukunft versprach.

Henry fiel am Tag der Landung der Alliierten in der Normandie und Tante Lenora war für die nächsten vierzig Jahre bettlägerig, sie war nie ganz auf der Höhe, sondern schien immer weiter zu verkümmern, während sie wie ein Geist durch das Haus schlich.

Rebeccas Mann kam zur Beerdigung auf Heimaturlaub und Rebecca beschloss, dass es ihrem Kind besser gehen würde, wenn sie sich eine eigene Bleibe suchen würden, sobald er zurück war. Christine, die jüngste im Clan, hatte beschlossen, dass das Haus verflucht sei und sie nach New York gehen würde und niemand sie jemals wieder dazu bringen könne, zurück an diesen verfluchten Ort zu kommen. Onkel Jed flehte sie an, während Tante Lenora wohlwollend und ruhig lächelte, nicht ahnend, was vor sich ging. Christine weigerte sich, auf ihn zu hören und stürmte aus dem Haus und schrie, Onkel Jed sei ein Narr und ihre Mutter bringe nur Pech und sei der verkörperte Tod. Sie kehrte nie wieder in dieses Haus zurück."

KAPITEL ZWANZIG

Als Ruth die Geschichte erzählte, sah und spürte ich das Leid, das mein Leben, meine Lieben und meine Scheidung recht bedeutungslos erscheinen ließen. Ich verstand auch den Ausdruck von Alter und Weisheit, der Teil von Onkel Jed war. Ich konnte mir nur vorstellen, wie es wäre, Kinder in so jungem Alter zu verlieren und zu wissen, dass man nichts tun kann.

„Also was geschah mit Rebecca? Onkel Jed sagte, sie habe aufgegeben, bevor die Zwillinge geboren wurden. Wie kam es dazu?"

„Jacob, dieser Heimaturlaub von Rebeccas Mann brachte die Zwillinge hervor."

Mein Kopf beginnt sich wieder zu drehen, denn wenn dies so ist, sind die Zwillinge tatsächlich ein Produkt des Krieges und mitnichten zwölf Jahre alt.

„Du liegst richtig, Jacob. Die Zwillinge sind ein Produkt von Rebeccas Liebe, und ihr lag so viel an ihm, dass sie nach seinem Tod bei einem Flugzeugabsturz in Grönland auf dem Weg nach Europa beschloss, dass der Tod ein willkommener Schatten im Heim ihrer Familie wäre.

Während ihrer Schwangerschaft entschied Onkel Jed, es sei wichtig, mich und Rebecca zu einem Besuch bei seinen Verwandten im Westen mitzunehmen. Wir hatten noch nie von diesen Verwandten gehört und waren beide neugierig und erstaunt, dass dies nie Teil unserer Familiengeschichte gewesen war. Wir hatten alle irgendwie angenommen, dass Onkel Jed ein Waise war oder so, da er nie über seine Familie gesprochen hatte.

Er packte uns ins Auto und machte sich auf den Weg Richtung Westküste; Tante Lenora war nicht allzu glücklich, uns abreisen zu sehen, aber da war eine wundervolle schwarze Dame, die nach Henrys Tod bei uns eingezogen war; sie war die Mutter einer seiner Kameraden, der zur selben Zeit getötet worden war. Sie hatte keine Familie mehr, also kam sie, um sich um unsere zu kümmern. Ihr Name war Katie und irgendwie verstand sie Tante Lenora besser als irgendjemand anders, einschließlich Onkel Jed.

Wir bogen eines späten Nachmittags auf die Straße ein, die zu ‚dem Ort‘ führte und hielten das Auto an, nachdem wir gerade eine Baumgruppe passiert hatten und die Straße gewissermaßen endete. Im Schatten des späten Nachmittags standen dort etwa dreißig Leute. Wir verstanden nicht, woher sie wissen konnten, dass es genau jetzt an der Zeit war, dort zu sein, und wie du mussten wir viel lernen über den Unterschied zwischen ihnen und dem Rest der Welt. Der Frieden an diesem Ort war wie Balsam für meine Seele und das erste Mal, seit meine Eltern gestorben waren, hatte ich das Gefühl, das Leben könne wirklich gut und voller Freude sein.

Rebecca wurde mit jedem Tag verzweifelter, alle versuchten ihr zu zeigen, dass der Verlust ihres Mannes nicht das Ende ihres Lebens, sondern der Anfang für ihre Jungs war. Woher sie alle wussten, dass sie Zwillinge bekommen würde, wurde nie bezweifelt, aber auch nie erklärt. Onkel Jed verbrachte viele lange Tage damit, ihr alles zu zeigen und sie in den Wald zu führen und an die Quellen, alles in einem Versuch, sie zur Schönheit des Lebens zurück zu locken. Ich begleitete sie meistens und schaute und sah und fühlte die Großartigkeit dessen, was dieser Ort ist. Ich begann zu heilen.

Rebecca und ich lebten damals in genau dieser Hütte und teilten uns dieses Bett. Jeden Abend unterhielten wir uns, und ich merkte etwa im achten Monat, dass ihr Lebenswille sie verließ. Sie sprach davon, mit Harry und Henry und ‚ihrem Jimmy‘ zusammen sein zu wollen. Ich erzählte es Onkel Jed und er nahm mich in den Arm und sagte mir, wir müssten ihre Wahl achten. Er hatte so sehr versucht, sie zu überzeugen und zu heilen und genau so wie mit Tante Lenora konnte er schlussendlich nicht ändern, was sie nicht ändern wollten.

Nach der Geburt der Zwillinge – und die Wehen dauerten nur zwei Stunden – übergab sie mir die Babys und fragte mich, ob ich sie nehmen und wie meine eigenen großziehen würde. Unter Tränen und Flehen saß ich bei ihr, als sie dieses Reich verließ.

Die Jungen, Rob und Roy, sind seit diesem Tag, dem 29. April 1947, in meiner Obhut, aber es ist der ganzen Gruppe ein Vergnügen gewesen, sie großzuziehen, und mit all den verschiedenen Energien und Erkenntnissen, die ihnen vermittelt worden sind, haben sie einige der besonderen Fähigkeiten entwickelt, die du schon erlebt hast.

Nun, ich schätze, das ist erstmal eine Menge zu verarbeiten, also gehe ich jetzt und wir sehen uns morgen früh wieder." Sie verlässt den Raum mit dieser intensiven Anmut und Geschmeidigkeit, die mich atemlos machen und sie vermissen lassen, und wieder habe ich das Gefühl, geküsst und liebkost zu werden, als die Tür leise zugleitet.

KAPITEL EINUNDZWANZIG

O nkel Jed kommt in mein Zimmer, lustig, dass es mir
nun wie „mein Zimmer" vorkommt, nur, weil ich es
schon so lange bewohne.

„Nun, Jacob, du hast in den letzten Wochen viel über
uns erfahren; was musst du sonst noch wissen, um die
letzten Reste deiner Skepsis aufzugeben?" Als Onkel
Jed meine Füße berührt und dieses seltsame Gefühl der
aufeinanderprallenden Moleküle beginnt, merke ich, dass
ich immer noch nicht verstehe, warum Jed die einzige alte
Person hier ist.

„Jacob, eine Sache, die wir mit der Zeit über ‚den Ort'
gelernt haben, ist, dass man, während man hier ist, nicht
viel altert, und wenn man weggeht, auch nicht, es sei denn,
man bleibt länger als vierzig Jahre fort. Als ich Lenora fand,
versprach ich, den Rest meines Lebens mit ihr zu verbringen.
Nachdem die Jungen gestorben waren, verlor sie den Bezug
zur Realität und egal, wie sehr ich versuchte, sie dazu zu
bringen, hierherzukommen, sie wollte in ihrem Heim
bleiben. Nachdem Christine nach New York gegangen war

und Lenora begonnen hatte, sich zu entfernen, und Rebecca ihre Kinder hier geboren hatte, wusste ich, dass ich zu Lenora zurückkehren musste. Ich lebte in den nächsten vierzig Jahren mit ihr, in einem Haus, das ich in Ordnung hielt, und als sie älter wurde, vergaß sie, dass ich ihr Mann war, und beschloss, ich sei der Butler und Mann für alles. Christine besuchte ihre Mutter kein einziges Mal; bisweilen bekam ich einen Brief von ihr und erfuhr etwas über ihr Leben. Sie heiratete nie und lebte als Schauspielerin und Star am Broadway. Ich liebte sie, aber sie hatte ihren Namen geändert, damit niemand herausfinden konnte, wo sie herkam, und sie dachte sich Geschichten aus, um sich selbst zu erfinden. Ich liebte ihre Briefe und fragte sie immer, ob ich sie besuchen dürfe, doch sie lehnte es immer ab. Schlussendlich verlor ich alle meine Kinder, aber ich habe noch die Jungs, meine Enkel."

Onkel Jed nimmt seine Hände von meinen Füßen und das seltsame Gefühl der aneinanderstoßenden Moleküle wird immer stärker, und mein Körper spürt sich mehr nach Raum und weniger schwer an als vorher.

„Möchtest du heute einen kleinen Spaziergang machen, Jacob?"

Die sofortige und intensive Freude, die mein Körper sogar ohne meine Gedanken oder Wünsche ausströmt, gibt mir das seltsame Gefühl, es gebe irgendeine Lebensquelle in meinem Körper, die gewählt hat, ohne dass ich nach meinen Bedürfnissen gefragt wurde, diese notwendig wären oder in Betracht gezogen wurden. Noch nie zuvor habe ich diese Energie und Lebenskraft gefühlt. „Ja, auf jeden Fall!" Onkel Jed lacht dieses wunderbare durch seinen ganzen Körper kollernde Lachen, das einem die Seele reinigt und

Schockwellen durch den Körper schickt, und nimmt meine Hand.

„Nun, Jacob, du musst es ruhig angehen lassen, du hast viel Heilung erfahren, aber es gibt immer noch einige Dinge, die sich dahin zurückbewegen müssen, wo sie gewesen sind, um den ganzen Blut- und Energiefluss zu erreichen, der den Körper tatsächlich heilt."

Er nimmt meine Beine, zieht sie sanft zur Bettkante und schiebt sie langsam darüber, während er gleichzeitig am linken Arm zieht, und mein Körper beginnt sich in die Sitzposition zu begeben, die er mindestens sechs Wochen nicht mehr eingenommen hat. Als ich schließlich aufrecht sitze und das Gewicht auf meinen Po verlagere, durchbohrt ein Eispickel mein Rückgrat und zerteilt mein Hirn mit den schartigen Kanten des Wunsches nach Bewusstlosigkeit, der mich und meinen Körper an die Nacht auf der Straße erinnert. Ich beginne, in den Schutz der Dunkelheit zu entgleiten, die meine Zuflucht vor dem Schmerz ist, doch Onkel Jed schubst mich zurück in die Präsenz mit der intensiven kreisenden Bewegung der Moleküle in meinem Rücken und Rückgrat und Hirn, die die Moleküle dazu bringt, lauter zusammenzustoßen als zuvor und zu dem zu werden, was nur als der Raum des Raums innerhalb des Raums des Körpers beschrieben werden kann.

„Jetzt ist es an der Zeit aufzustehen, aber beweg dich nicht zu schnell und lass zu, dass ich das Gewicht und die Bewegung deines Körpers übernehme."

Als ich versuche, mich hochzuhieven, gibt es in meiner Welt keine Gewissheit, dass die Muskeln tatsächlich funktionieren werden. Ich merke, dass ich beschlossen hatte, niemals wieder zu laufen, als ich am ersten Morgen aufwachte und kein

Gefühl in meinen Beinen hatte. Wie seltsam, dass mir das in diesem Moment einfällt, und dann erkenne ich, dass alles in meinen Leben so ablief, vor „dem Ort", und jedes Mal, wenn ich beschloss, dass etwas auf eine bestimmte Art sein würde, sich auch genau das zeigen würde. Seit ich hier bin, ist alles auf den Kopf gestellt worden, was ich für wahr hielt, und ich kann auf einmal erkennen, dass nichts von dem, was ich gedacht habe, wahr oder real ist; alles drehte sich nur um den Beweis, dass das, was ich für real hielt, real war. Ich beginne zu lachen, als Onkel Jed meine Arme hält und mich vom Bett und auf meine Füße zieht. Der Boden fühlt sich an, als berührte ich Moos, das im Winter wächst – nass – und er lässt Samt rau und langweilig erscheinen in den mannigfaltigen Aromen des Lebens und der Weichheit und der Feuchtigkeit, die umfangen und sprechen und sich begeistern für das Geschenk, das du empfängst, während er dich mit jedem Molekül seines Seins beschenkt. Der Boden, den ich für ein fremdes, unbelebtes Objekt gehalten hatte, verführt, begrüßt und schenkt die Moleküle der Energie, die sein Leben sind, nicht sein Leben waren, und jeder Schritt auf meinem Weg über den Boden spendet meinem Körper und meinem Sein Energie, heilt und inspiriert sie. Onkel Jed lacht wieder, diese durch den ganzen Körper bebende, heilende Überfülle von Licht und Leben, und mein Körper kribbelt noch mehr. Dieses Gefühl ist wie bei einem Neugeborenen, wo jeder einzelne Moment so vergnüglich, bejahend und nährend ist, dass das Leben sich selbst in Körper und Seele zu begehren beginnt.

Als wir uns zur Tür aufmachen, beginnt Jed zu summen. Damit meine ich nicht eine Melodie, sondern als ob sein Körper eine Schwingungsfrequenz ausströmt, die intuitiv offensichtlich, aber nicht über das Gehör wahrnehmbar ist. Die Tür öffnet sich von selbst und wir treten in das helle Licht des Tages hinaus, der kalt und belebend ist, mit einer feinen Schneeschicht, die den Boden überzieht. Ich beginne zu denken: „Aber ich habe keine Schuhe", und merke auf einmal, dass die Kälte wie eine Decke des Willkommenheißens ist und der Schnee unter meinen Füßen die Zellen der Erde und mich nährt. Ich „spüre den Schnee" nicht, sondern vielmehr die intensive Fürsorglichkeit, die der Schnee ist, nicht als eine Abweichung von Wärme, sondern die Andersartigkeit des Genusses, und der Schwung des Lebens durchfährt mich wieder mit der Ausgelassenheit eines hüpfenden Welpen. Mit jedem Schritt schreitet mein Körper stärker und begeisterter zum Lied des Lebens aus, das, wie Onkel Jeds Summen, den Körper und das Wesen streichelt, liebkost und nährt, und jeden Moment das Orchester der Bäume und des Windes und der Vögel und der Stille und des Raumes, der alle Menschen an „dem Ort" umfasst, die, wie ich nun, die Kathedrale des Einsseins sind, das Flüstern der Möglichkeiten und die Freude der Andersartigkeit, die gegenüber den Elementen der molekularen Harmonie und Schwingungskohärenz erwacht sind, von denen Irrlehren und spirituelle Erleuchtung gesprochen, sie aber nie wirklich vermittelt oder bewiesen haben. Ich bin noch nie so gewahr und so sehr Raum und so vollkommen umsorgt gewesen in meinem Leben, und ich weiß nun, dass „der Ort" und ich einander in unvergleichlicher Freiheit und Frieden besitzen, von denen ich geträumt und die ich mir gewünscht, jedoch nie gefunden habe. Ich bin zu Hause, ich bin ich und ich bin ausgedehnt, vom Gewöhnlichen zum Phänomenalen, ohne dass auch nur ein Hauch negativer Energie vorhanden oder real wäre.

Die Jungen tauchen auf und als Onkel Jed meine Hände loslässt, übernehmen sie und ich bin im nächsten Moment wieder in meinem Bett. Sie decken mich mit Decken zu und sind im nächsten Atemzug verschwunden. Ich bin alleine und nicht allein. Der Frieden, von dem ich nun weiß, dass er wirklich ich ist, löscht die Vorstellung aus, dass Alleinsein irgendwie realer ist als die andere verrückte Richtigkeit, mit der ich die Grenzen des Lebens definiert habe. Wie existiert man in einer Welt, in der alles, was nicht real ist – sondern nur die Vorstellungen und Glaubenssätze, übernommen von Eltern, Familie, Schulen und Beziehungen, sie real erscheinen lassen –, das ist, was die eigene Wahl und den eigenen Sarg der Realität definiert?

Ich erkenne nun, dass die Welt, die ich verlassen habe, so wenig Substanz hat wie das Lesen eines Comics, in dem die Bilder die Geschichte erklären und die Motivation für jede Handlung auf Dummheit und Mangel an Kommunikation und Gewahrsein und dem Vorheucheln und Beweisen von Fürsorglichkeit beruhen, nicht auf dem Frieden und dem Raum, der, wie ich nun weiß, ein wahreres Umsorgen ist, als ich je für möglich gehalten habe. O gesegneter Frieden und freudvoller Raum, danke, dass ihr mich in das Wissen einbeziht von dem, was großartiger ist, und mir das Geschenk der Erkenntnis macht, dass ich mich selbst nie wieder geringer machen muss.

KAPITEL ZWEIUNDZWANZIG

I ch wache auf und nehme den Schnee wahr, der nun den Boden bedeckt, ich weiß sogar, dass er über einen halben Meter tief ist, und ich kann die Kaninchen und Nagetiere wahrnehmen, die schlafen und sich bewegen, und die Habichte und Eulen, die im Schnee nach den Ungewahren buddeln, die nicht über ihre Sinne hinausgehen, sondern aus ihrer Bedürftigkeit und ihrem Hunger heraus handeln.

Die Tür öffnet sich geräuschlos und Ruth kommt herein, mit einer warmen Lederjacke um den herrlichen Körper, den zu berühren ich mich sehne, und ihre Verlegenheit beweist abermals, dass sie weiß, was ich denke.

Das Tablett ist heute größer und mir wird klar, dass wir zusammen essen werden. Der kleine Tisch unter dem Fenster wird zur Einladung für meinen Körper, das Bett zu verlassen und zur Abwechslung auf einem Stuhl zu sitzen. Ich wäre gerne zaghaft beim Aufstehen, aber ich weiß, dass es eine glatte Lüge wäre, dass ich das nicht schaffe. Meine Beine schwingen aus dem Bett, wie als ich fünfzehn war und entdeckte, dass Laufen die Flausen abschüttelte und den Stress abbaute, den die Hormone, die mein Hirn erschütterten und meinen Körper folterten, beim ewigen Kampf um die Herrschaft des Verstandes über die Materie zu bewirken schienen.

„Wie schön, dass du schon aufstehen kannst. Die Jungs haben dich wieder ins Bett gebracht, sobald dein Körper das größtmögliche Empfangen erreicht hatte, das er bei der Bewegung bis zum Schmerz aushalten konnte. Es gibt einen Ort, an dem die Intensität dessen, was erlebt werden kann, von den meisten Menschen als Schmerz fehlinterpretiert wird, und sie nehmen an, dass Intensität nicht tatsächlich als Teil des Gewahrseins einbezogen werden kann, und die Menschheit nennt das Schmerz. Wenn du möchtest, können wir heute zu den Quellen gehen, wo das heiße Wasser dich und deinen Körper heilen und nähren wird."

„Mir fällt noch etwas anderes ein, das sich nährend und heilend für meinen Körper anhört. Vielleicht könnten wir das stattdessen machen?"

Ihr Lachen und ihre funkelnden Augen sagen alles. Sie ist nicht dagegen, aber es wird nicht heute sein. Wow, ich merke gerade, dass ich das wirklich aus ihren Gedanken abgelesen habe, und nicht aus ihren Augen und ihrem Verhalten.

Wir essen und sie steht auf, zieht Stiefel an, die ich zuvor nicht bemerkt habe, und bietet an, mir auch welche anzuziehen. Als sie die Stiefel, die weich und geschmeidig sind, über meine Füße streift, frage ich mich, wie sie wohl mit dem Schnee klarkommen werden. Sie lächelt und wieder übermitteln mir ihre Gedanken die ganze Geschichte, und ich weiß, dass diese Stiefel niemals den Schnee oder die Kälte aufnehmen werden, wegen der Energie, mit der wir sie versorgen werden.

Wir verlassen die Hütte und fangen an, durch den Schnee zu spazieren. Mein neues Gewahrsein des Lebens und der Schönheit von allem um mich herum erfüllt meine Sinne, und die Stille, die der Neuschnee mit sich bringt, bestürmt jedes meiner Moleküle mit der übermäßigen Liebenswürdigkeit, die die Elemente schenken und die wir so leichtfertig übersehen. Das erste Mal in meinem Leben fühle ich mich ganz und spüre, dass Richtigkeit das Chaos der Ordnung ist, das das Universum perverserweise mit absoluter Leichtigkeit erreicht. Wir hingegen suchen vergeblich nach der Richtigkeit unserer Ansicht, um allem und jedem unseren Weltbesitzanspruch und Gottstatus aufzuzwingen, als verleihe dies unserem Leben Glaubwürdigkeit und brächte das Chaos in die Ordnung unseres begrenzten Gewahrseinsumfangs, sodass wir Sicherheit und Schutz vor dem erlangen, was wir nicht kontrollieren können.

Ich erinnere mich nicht daran, an eine Jacke gedacht zu haben, bevor wir die Hütte verließen, doch die Berührung ihres Armes an meinem gibt mir das Gefühl von Wärme, das man hat, wenn man einem Feuer zugewandt ist, das wärmer ist als der Rest und die Kälte hinfort nimmt, die beißend sein könnte, es aber nicht ist. Wie kommt es, dass sich das nicht kalt anfühlt? Sofort kommt die Antwort von ihr, nicht in Worten, sondern als kompletter Download an Informationen. Ich weiß, dass ihre Berührung darum bittet, dass mein Körper so viel Wärme generiert, wie er braucht, damit er sich behaglich fühlt, und dass wir die Fähigkeit haben zu kontrollieren, was unsere Körper an Wärme oder Kälte generieren, einfach nur durch unsere Bitte. Ich glaube, mir gefällt dieses Telepathiezeug. Dann denke ich an eine dieser Nächte in der Vergangenheit und wie ich im Schnee masturbiert habe und sie fängt mich ein und nimmt mich und meinen Körper in die Wärme ihres Seins auf und der orgasmische Rausch bedrängt jedes Stückchen sinnlicher Möglichkeiten mit der Ausgedehntheit und dem Wachsen der Verbindung auf das ganze Universum.

Ihr Lachen reißt mich aus der Erinnerung und holt mich zurück in die Gegenwart und mir ist es auf einmal ein wenig peinlich, erwischt worden zu sein, doch die Schönheit des Lachens, das über die Weite schallt, vermischt sich mit dem Wind in den Bäumen, als der Schnee in festen Klümpchen von den Kiefernnadeln gleitet, wie Delphine, die die Oberfläche des Ozeans durchbrechen und wieder eintauchen; es gibt kein Geräusch, nur das Kräuseln, das zeigt: da ist Bewegung. Auch hier gibt es eine Bewegung, als der Schnee fällt, doch ich merke, dass die Bewegung von der Energie kommt, die der Schnee beim Auftreffen auf der Schneemasse kreiert, und auf einmal weiß ich, dass dieselbe Energie jene ist, die man bei einer Lawine, einer Flut und einem Steinschlag spürt. Ich weiß nun, wessen ich mir schon immer gewahr gewesen bin, ohne dass ich es mit Worten hätte beschreiben können.

Ich habe die Energie von Dingen gefühlt, die sich bewegen, wie vor einem Erdbeben in Kalifornien, ich war unruhig und nervös und wachte auf, bevor es begann und stand draußen in der Dunkelheit und wunderte mich, was ich da tat. Ich beginne zu verstehen, dass Bewegungen der Energie vor dem physischen Anblick bereits Wellen aufzeigen, die Informationen übermitteln, wenn wir unser Gewahrsein nicht aufgeben. Die seltsamste Unterhaltung, die ich je mit irgendjemandem geführt habe, und, Junge, bin ich ein ungebildeter Tölpel.

Wieder lacht sie und die reine Freude daran liebkost meinen Körper und meine Seele und ich verstehe endlich, wie Fürsorge ohne Bewertung es schafft, alle Teile von einem zu umfangen, und ich hatte immer gedacht, Liebe würde dies bieten, doch sie tat es nie. Wieder dieses seltsame Gefühl von Kommunikation ohne Worte, und ich merke, dass dies dieselbe Energie ist wie der Schnee, der auf den Schnee fällt. Dass, wenn eine Sache, die ist, in das Einssein fällt, dies nur geschieht, um eine Energie zu schaffen, die mit großer Leichtigkeit und stiller Zustimmung zu einer neuen Möglichkeit ins Universum schwappt, dies zur Wahl für mehr wird, als unsere begrenzte Welt sich je vorstellen kann.

Wir bewegen uns durch den stillen Schnee und ich nehme das Wasser vor uns wahr, als atme es mit der Intensität des rauschenden Blutes, das man bei körperlicher Anstrengung verspürt, die ein Hochgefühl, Schweiß und das pochende Gewahrsein jedes Moleküls und Blutgefäßes und die süße Freude müder und intensiv genutzter Muskeln hinterlässt.

Wir gehen eine kleine Steigung hinauf und der Geruch des Dampfes, der sich gegen die Kälte und den Schnee abzeichnet, stürmt auf meine Nase ein, das aromatische Anschwellen vulkanischen Nebels und das Extrem der trockenen Eisigkeit des Schnees und das köstliche Geschenk, das es meinem Körper verspricht, rufen jede Zelle meines Körpers als die Quelle der Erinnerung an die Großartigkeit der Verkörperung an. Dieses großartige Gefühl, dass es immer schon mehr gegeben hat und dass das Versprechen real ist und erfüllt werden wird.

Als wir oben ankommen, erinnert mich der Dunst der Quellen, als er auf die kalte Luft trifft, an diese dichten Nebel in Kalifornien, die die Geräusche dessen, was nicht wichtig ist, der köstlichen Dichte einer innigen Stille anheimgeben, die nur im Moment nährt und umsorgt, weder die Vergangenheit noch die Gegenwart sind so mutwillig intensiv wie die geräuschlose Lieblichkeit, die den Körper und den Geist mit der sinnlichen Nähe der Präsenz mit sich selbst umfängt und reinigt.

Sie nimmt meine Hand und wir gehen zum Rand des Beckens. Wir ziehen unsere Kleider aus und legen sie auf einen Felsen, der offensichtlich frei von Schnee und Feuchtigkeit ist und warme Kleidung für unsere Körper am Ende unseres Bades verspricht. Wir steigen ins Wasser, seine Wärme und sein Duft, die massive Ansammlung von Wundern von Jahren und Tausenden von Pflanzen und Blättern gemeinsam gesiedet als ein kurzer Blitz von Gleichheit und Zusammengehörigkeit und Einssein von uns allen, das Geschenk der Erde an uns und das Geschenk, das wir für die Erde sind. Tränen laufen mir übers Gesicht, als ich den Hohn wahrnehme, mit dem der Mensch die Erde heimsucht, und sie einfach nur schenkt und schenkt, ohne etwas im Gegenzug zu verlangen. Die Erde, die sich ausdehnt und uns mit dem Atem der Luft nährt, nimmt unseren Abfall und rebelliert selten, als liebende Mutter/ liebender Vater für alle, und die Quelle einer Energie, die ich wahrnehmen kann wie einen Ruf aus der Zukunft von etwas, das ich kenne, das sich jedoch nicht zur Einfältigkeit des Denkens verfestigen kann, und etwas, das Wünsche an mich hat, aber nicht fordert, ein Ruf nach Möglichkeit und eine Bitte um Beitrag, die einzig die Notwendigkeit zu wählen anspricht.

Bitte, Gott, Götter, ihr da oben, zeigt mir den Weg. Auf die Tränen folgt Schluchzen, nicht für die Erde, sondern für die Traurigkeit der Menschheit, der alles versprochen wurde und die das goldene Geschenk und den Frieden verweigert, die dieser Ort ist und die auf der ganzen Erde sein könnten, wenn wir doch nur eine Realität wählen würden, die keine Zerstörung erfordert und höchst verführerisch ist als diese Veränderung. O gesegnete Erde, kann ich nun mit dir das wahre Gewahrsein wählen, dass wir die Verwalter für dich sind und dass für dich zu wählen bedeuten würde, für uns zu wählen.

Wir sind hier nun schon seit Stunden oder Wochen oder Minuten oder einer Ewigkeit, aber ich spüre, dass ich endlich weiß, wonach ich mein ganzes Leben gesucht habe, und dass ich es nun gefunden habe. Das „Es", das ich gefunden habe, bin ich, der Ort des Friedens und der Freude und des Einsseins mit dem gesamten Universum, das ich bin.

Sie nimmt meine Hand und führt mich zu meiner Kleidung und wir sitzen auf den Felsen und die Kälte umfängt mich mit ihrer Freundlichkeit und ich spüre kein Bedürfnis nach Kleidung, und doch beginnt Ruth mich in das Handtuch zu wickeln, das dort schon war oder gerade erschienen ist, und berührt meinen Körper mit ihren sanften Händen, und das Leben und die Freude daran, umsorgt und genährt zu werden, scheinen so richtig und real. Mein Herz scheint bald aus meiner Brust zu ihrer zu springen und wir scheinen zu einem Körper mit verschiedenen ineinander verschlungenen Teilen zu werden, Körper und Seele, und in diesem Moment spüre ich, wie die sechsundsiebzig anderen sich zu uns gesellen und die Begrenzungen meines Gehirns und Verstandes zu einem größeren Gewahrsein aufsprengen, dass die Erde auch die Vereinigung unserer Körper und unserer Wesen nährt und ihr beiträgt, für eine Möglichkeit dessen, was real und wahr sein könnte, das noch nie zuvor erlebt wurde.

KAPITEL DREIUNDZWANZIG

D rei Tage bin ich alleine geblieben, ohne Essen, ohne Gesellschaft, ohne Ruth, doch das gesegnete Einssein mit allen Dingen lässt mich ohne ein Gefühl von Bedürftigkeit oder Begehren sein.

Der Frieden, den ich fühle, löscht den Wunsch oder gar das Bedürfnis nach Essen aus, und das Gefühl, dass die gesamte Welt mich und meinen Körper nährt, ist größer als alles, was ich je zuvor erlebt habe.

Es dämmert noch nicht, das helle Licht des Mondes durchdringt die Landschaft meines Zimmers und meiner Seele und ich wähle die Verbindung zu Ruth, die nicht mehr eine Notwendigkeit, sondern eine Aufforderung zu dem Verlangen ist, das ich in der Vergangenheit ihr gegenüber kannte.

Ich spüre sie in meinem Kopf und ich weiß, dass sie meine Präsenz am Becken erbeten hat. Ich stehe auf – das Mondlicht ist alles, was ich brauche, um die Welt zu sehen – ziehe mich an und verlasse diese Wärme meines Zimmers und des Feuers, das drei Tage lang am Leben geblieben war und gehütet wurde, kein Infragestellen mehr, wie das möglich ist, nur wissend, dass es das ist.

Ich komme am Becken an. Der Nebel, der alles zum Schweigen bringt und mich in ihrem dichten Nähren umfängt, dringt in jede Faser meines Körpers, meine Nasenlöcher sind angefüllt mit Wassermolekülen, die in der Luft schweben wie die Pollen des Sommers, duftend-verführerisch, entspannend und intensiv in der Fülle der Strukturen, die sich nun mit jedem Partikel meines Körpers verbinden und vor Freude am Sein vibrieren.

Ich weiß, dass sie da ist, ich kann ihre Gegenwart spüren, und der wabernde Dunst dient als Katalysator für die Erinnerungen an die Vergangenheit und jene Zeiten, als ich hier nur in meinen Gedanken und vollkommen in meiner Seele weilte.

Als sich der Dunst leicht in der Brise hebt, die mich sanft umfächelt, streichelt die Kühle der Luft meinen Oberkörper, der aus der intensiven Wärme des Wassers ragt, und die Gänsehaut belebt und inspiriert meinen Körper zu mehr Empfindungen, als ich bisher für möglich gehalten habe. Sie ist hier und schaut mich vom anderen Ende des Beckens an. Das Wasser knapp über ihren Brüsten verbirgt, was ich nun intensiv begehre. Ich kann ihre Berührung des Seins in meinem Körper spüren und reiche mit meinem Wesen hinüber, um ihren Körper zu berühren. Ich kann fühlen, was ihr Körper fühlt, und die Gänsehaut auf meinem Oberkörper ruft ebensolche auf ihren Brustwarzen hervor, und ich fühle, wie mein Körper ihren Körper fühlt und wie sie mich und meinen Körper fühlt, und wir sind auf molekularer Ebene miteinander verflochten. Die Intimität, die dies bewirkt, und das Zum-Leben-Erwachen der Lenden miteinander und das Aufeinanderprallen der Moleküle als der Raum, der wir sind, erlebt die Bewegung der Festigkeit der Körper und ist der Ausdruck von einem Verlangen nach Leben, das wir vergeblich als Lust bezeichnen. Ich rieche ihr Haar im Tau des Nebels, und die Nässe ihres Haars und ihr herangetragener Duft stimulieren noch dynamischer das Bedürfnis nach ihrem Körper an meinem.

Ich schließe meine Augen und beginne mich daran zu erinnern, wie es in meinen Träumen war, und während ich das tue, raubt die vergangene Erinnerung die Hitze des Moments und sie beginnt, sich von meinem Körper zurückzuziehen. In diesen Momenten, in denen ich die Fantasien der Vergangenheit in den sexuellen Moment des Jetzt bringe, habe ich mich von ihr zurückgezogen. Ich öffne meine Augen und bin wieder mit ihrem Körper und ihrem Wesen verwoben, und ihre und meine Erregung bringen mich an den Rand dessen, was ich als einen Orgasmus beschreiben würde, und plötzlich erweitert sie mein Gewahrsein und wir sind in einem größeren Becken mit größerem physischen Abstand zwischen uns und diese Intensität des Gefühls, ihr Fühlen von mir beginnt meinen und ihren Körper wieder zurück zum Siedepunkt zu bringen. Gerade als ich mir wünsche zu explodieren, höre ich ihren Wunsch nach mehr Erweiterung. Und ich tue es.

Wieder wird das Gefühl, dass ihr Körper weiter weg ist, widerlegt vom Geruch ihres Haares und Körpers und der Bewegung hin zu mir und dem Auftauchen dieser wunderbaren Brüste über dem Wasser, mit Brustwarzen, die von der Kälte, die meine ist, hart sind; ich sinke ins Wasser und das Bedürfnis zu explodieren geht in etwas über, das intimer im Gewahrsein ihrer Zuwendung ist, und dies nährt jenen Teil von mir, den ich vor drei Tagen gefunden habe.

Das Bedürfnis, sie zu berühren, und ihre Bereitschaft, mich zu berühren, erweitern sich wieder, wie der Wald und die Tiere, die das Geschenk des Lebens begrüßen, wir werden zu diesem Geschenk füreinander und für die Welt und wieder reiche ich nach dem Wesen, das sie ist, das auch ich ist, und unsere Körper reagieren mit einem Orgasmus, der unbändig und rau ist in seinem unglaublichen Frieden und seiner unglaublichen Ausdehnung. Dies ist es, was die Buddhisten mit dem inneren Orgasmus meinen müssen.

Wieder dehnen wir uns aus, und dabei bewegen sich unsere Körper mühelos und ohne Muskeltätigkeit aufeinander zu, wir sind angetrieben und müssen berühren, und in dem Moment, als sie nach mir greift und meine Hand berührt, erlebe ich wieder diese orgasmische Empfindsamkeit, die Wellen durch meinen und ihren Körper sendet.

Ich berühre sie und die leiseste Berührung stößt eine explosive Forderung nach mehr in meinem Körper an und sie hat mich nicht einmal berührt. Ich beuge mich vor und drücke meine Lippen sanft auf die ihren. Ich spüre meinen Bart, als die Stoppeln ihren Körper elektrisieren, und die Berührung unserer Zungen, leicht wie die eines Schmetterlings, löst Schockwellen bis hin zu meinen Zehen aus und die Wärme, die sich in unserer Lende, nicht Lenden, verstärkt, denn wir scheinen nun ein Körper mit vier Armen und Beinen und einem Oberkörper zu sein, die einander vorschlagen, was sie als Nächstes tun. Wir sinken in das heiße Wasser, wissend, dass die Hitze unserer Körper nun die Hitze des Wassers verstärkt und dass das Wasser eins ist mit unserem Körper und seine Freude auch die unsere.

Langsam und sehr achtsam bringen wir unseren Körper zu sich und an seinen Ort in sich, mit dem Wasser und dem Dampf und dem Nebel gleitend, und die Kälte sensibilisiert jeden Teil mit der sinnlichen Dynamik immer weiter werdender Wellen an Empfindungen, Intensität, perverser Befriedigung und berauschender Möglichkeiten, und die Schatten der Zukunft begrüßen den Wert des Moments mit der Veränderung von Zeit und Raum zur Liebkosung der gemeinsamen Bewegung als eins.

Mit Ankunft der Dämmerung kommen auch wir an. Wir kommen zusammen, das Erdbeben, das die Ejakulation meines Körpers in ihren und ihre Ejakulation in meinen Körper begleitet, erschüttert die Grundfesten meines Lebens und meiner sexuellen Erfahrung mit der Schönheit und der Freude des Lichts und Raums und dem Gesang der Vögel, der genau in dem Moment einsetzt, in dem wir zusammen der Körper des Lebens sind. Die Orchestration dieser Momente und der Raum des Lebens, der wir alle zusammen sind, umfasst alles und löscht nichts aus. Sie küsst mich kurz und flüchtig, das Gefühl ruft einen weiteren Orgasmus in unserem Körper hervor. Ich sehe in das Gesicht der Frau, die ich schon immer und nur einen Augenblick gekannt habe, und halte sie in meinen Armen, hoffend, dass es ewig dauert, und wieder werden wir von Wellen von Orgasmen erfasst, die wie das Nachbeben sind, das wir sind.

Wir gehen vom Becken fort und durch den Schnee, die Kälte löst einen weiteren Orgasmus aus, als unsere Körper auf noch einen weiteren Reiz reagieren. Ich frage mich, ob das Leben tatsächlich ein fortwährender Orgasmus ist, den wir normalerweise ablehnen, doch dieser Gedanke wird vom Gewahrsein der Tagesaufgabe verdrängt, das Ruth in meinen Kopf schickt. Ich öffne die Hüttentür und ein prasselndes Feuer begrüßt uns, wie auch das köstliche Bett, dass ich so sehr liebe wie sie.

„Danke, Jacob, für alles, was du bist."

KAPITEL VIERUNDZWANZIG

E s ist beinahe Weihnachten. Seit drei Monaten sind Ruth und ich nun zusammen und die Zeit ist verflogen, als hätten die Tage eine lebendige, atmende, freudvolle Überschwänglichkeit, die wie wir keinen Anfang und kein Ende hat. Unterhaltungen sind unnötig, die Möglichkeiten wachsen mit jedem Tag und das Leben, das wir führen, hat in jedem Moment so viel, dass die Bedürfnisse der Außenwelt verschwinden.

Unsere Leben verweben sich mit der orgasmischen Freude daran zu leben, die wie die Becken ist, in denen wir uns zum ersten Mal körperlich geliebt haben. Diese Becken sind wie die sexuelle Vereinigung, die wir nun erleben.

Das erste ist das große Becken, in dem wir uns geheilt fühlen und das Wasser mit den Jahreszeiten steigt. Das zweite Becken ist heißer, wie unser sexueller Appetit, ist tiefer und heißer und nährend; das ist sein Geschenk. Das dritte Becken ist noch heißer, und während wir unsere eigene Fähigkeit zu mehr Intensität erweitern, erfahren wir ein Maß an Fürsorglichkeit, das die Erde uns schenkt, und wir der

Erde. Das vierte Becken ist heißer und enger und erfordert, dass wir kreativer sind und uns mit den Strömungen und der Möglichkeit dessen bewegen, was als Nächstes kommt. Das fünfte Becken erfordert Freude, Freude an der Hitze und der Leidenschaft der Extreme des Körpers, der spürt, was nur als eine größere Bereitschaft beschrieben werden kann, den molekularen Frieden der Verbundenheit zu erfahren, die Freude gebiert. Das sechste Becken ist jenes, das größer und langsamer und noch heißer ist und die Notwendigkeit aufzeigt, sowohl den Körper als auch das Wesen auszudehnen, um zu wissen, was wirklich zu erfahren möglich ist. Das siebte Becken ist das intensivste und ist die Quelle des Eins-Seins mit dem Universum, um tatsächlich zu begrüßen, was möglich ist, und mit dieser Unermesslichkeit beginnt der Orgasmus des Lebens, aber hört nicht auf.

So habe ich jeden Tag des Zusammenlebens mit Ruth erlebt. Nicht in den Becken, sondern bei jeder Begegnung und Vereinigung unserer Körper alles erlebend, wofür die Becken stehen.

Wie großartig ist das Leben nun, da dies die dynamischen Momente jeden Tages und jeder Erfahrung sind. Ich wünschte mir, ihr alles zu geben, und doch ist da das Gewahrsein, dass, wenn man ewig leben kann, weniges im Festhalten Wert hat, allein im Wissen darum.

Die Tür öffnet sich und ich bin mir gewahr, dass „sie" kommt, um mich zu sehen.

„Hallo Ruth. Ich habe gerade an Weihnachten und Geschenke gedacht. Feiert ihr das hier?"

Ich bekomme auf einmal unmittelbar die Antwort, ohne die Begrenzungen von Sprache, und habe das Gesamtbild davon, dass das echte Weihnachten an „dem Ort" sich mehr um die Energie dreht, die wir der Erde an diesem Tag schenken, und dass wir nicht die Bäume und den Schmuck und das Essen haben werden, die Teil der Welt sind, aus der ich gekommen bin und nach der ich mich so wenig zurücksehne.

„Jacob, die Jungs haben doch ein Geschenk für dich, aber da wir keine Bescherung haben, kannst du es jetzt haben, und die Jungs wären so glücklich, wenn sie es dir jetzt schenken könnten."

Plötzlich sind die Jungen im Zimmer. Die Begeisterung auf ihren Gesichtern ist ansteckend und ich fange an zu lachen, und das löst große Freude und Lachen in ihrer Welt sowie in der von Ruth aus.

„Mr. Rayne, begleitest du uns jetzt bitte in die Scheune?" Es ist so komisch, wenn sie im Chor sprechen. Vor allem, weil es so viel einfacher ist, sie auseinanderzuhalten, wenn sie in Gedanken mit einem reden.

Als wir auf die Scheune zugehen, erkenne ich ein Hochgefühl, das für mich wenig Sinn ergibt, plötzlich als ihr Hochgefühl. Ich weiß nun, dass dies noch sagenhafter ist als das, was mir in den vergangenen Monaten gezeigt wurde, und das erschien schon außergewöhnlich; der Umstand, dass dies hier einzigartig für sie ist, macht es aufregend.

Sie öffnen die Scheunentür und dort im gedämpften Licht des sehr alten Schuppens steht die Schönheit und Freude meines Lebens, meine süße T-Bird, und sie ist strahlender und jungfräulicher als vor all diesen Monaten, als ich sie fuhr, vor dem Hirsch.

Die Tränen beginnen mein Gesicht hinunterzulaufen angesichts ihrer fabelhaften Andersartigkeit, denn sie ist wahrhaftig besser als ich sie je gekannt habe.

„Jungs, wie habt ihr das gemacht? Sie ist wie ein brandneues Auto."

„Nun. Mr. Rayne, wir haben einfach die Moleküle gebeten, zu dem zurückkehren, was sie ursprünglich gewesen waren, und wir hatten die Bilder von dir, was sie ausgemacht hat, also haben wir darum gebeten, dass sich das für uns zeigt."
„Was meint ihr mit ‚ihr habt darum gebeten'?" Wieder habe ich dieses seltsame Gefühl, etwas über Quantenphysik beigebracht zu bekommen, während ich noch in den Kindergarten gehe. „Nun, eine der Sachen, die wir am ‚Ort' gelernt haben, ist, dass sogar die Moleküle ein eigenes Gewahrsein haben, und wenn man in genau der richtigen … vermutlich würdest du es als die richtige Schwingung bezeichnen … das ist nicht wirklich alles, was es ist, aber so ungefähr, eine Bitte formuliert, dann können sich die Moleküle verändern oder zu dem werden, worum man sie bittet."

„Danke, Jungs, ich verstehe nur Bahnhof, aber ich bin wirklich dankbar, sie so schön zu sehen." „Mr. Rayne, wir haben ein Problem. Ihre Scheinwerfer funktionieren nicht und sie röhrt nicht mehr. Wir konnten sie nicht dazu bringen, das für uns zu tun."

Ich erinnere mich, dass sie auf dem Dach gelegen hatte, und erkenne, dass es möglicherweise einen guten Grund für die Probleme gibt. Ich öffne die Motorhaube und schaue die Batterie an, die gut aussieht, bis ich sie öffne und entdecke, dass alle Säure ausgeflossen sein muss, und das bedeutet höchstwahrscheinlich, dass das Benzin auch weg ist.

Als sie meine Gedanken lesen, begreifen die Jungen plötzlich alles, das ganze Konzept davon, wie dies funktioniert. „Jungs, wie habt ihr sie hierhergeschafft? Ich habe keine Straßen gesehen, die hierherführen, nur Pfade."

„Nun, du weißt doch, wie wir auftauchen und verschwinden? So haben wir euch beide hierherbekommen, es ist nicht schwierig, wenn wir zu zweit sind, und wir können das besser als sonst jemand."

„Danke, Jungs, ich muss eine Batterie und Benzin für sie besorgen, wo bekomme ich das?"

„Es gibt eine kleine Stadt etwa dreißig Meilen von hier und wir haben einen Freund, der uns helfen wird, aber wir haben kein Geld und du auch nicht viel, wir haben in deine Brieftasche geschaut, als wir dich fanden. Möchtest du ihn jetzt treffen?"

Meine Antwort nur gedacht und empfangen, berühren sie meine Hände und schon sind wir außerhalb einer kleinen Stadt, die praktisch leer zu sein scheint. Die breiten Betonstraßen erinnern an die Zwanzigerjahre, als es bei allem um Raum ging, außer bei den Menschen. Die Schaufenster entlang der Straße sind still und leer wie die Schatten der Vergangenheit, die übrig sind, um uns daran zu erinnern, dass dort vorher schon jemand oder etwas war, und auch das ist verschwunden.

Es scheinen einige Autos vor einer Kombination aus Gemischtwarenladen, Tankstelle und Restaurant geparkt zu sein.

Die Jungen und ich gehen auf den Laden zu. Er scheint eigentümlich in der Zivilisation zurückgeblieben zu sein, wenn man dies als Zivilisation bezeichnen möchte, nach all den Monaten der Stille und Einsamkeit, und ich erkenne, dass, was ich als Einsamkeit bezeichnet habe, extrem angefüllt war mit Gewahrsein und Präsentsein in jedem Moment, und dass die Zivilisation das nicht hat, sie scheint irgendwie leer zu sein, so als fehle etwas. Was fehlt, weiß ich nicht genau, aber etwas fehlt auf jeden Fall. Vielleicht liegt es einfach daran, dass die kleine Stadt praktisch verlassen ist. Der entlang der Bürgersteige aufgehäufte Schnee lässt keinen Zweifel daran, dass nur wenige Menschen auf diesen Straßen unterwegs sind, und der Schneepflug schiebt den Schnee einfach von der Straße weg und macht den Autos Platz. Es ist ein wenig seltsam, dass der Schnee sauber und verweht zu sein scheint, nicht aus dem Straßendreck aufgewirbelt. Die Seitenstraßen mit den verbarrikadierten Häusern und der sechzig Zentimeter hohen Schneeschicht belegen die Annahme, dass nur wenige Menschen hierherkommen und vielleicht noch weniger hier leben.

Wir betreten den Laden und ein nett aussehender Mann kommt lächelnd hinter dem Tresen hervor. „Hallo, Jungs, wie geht es euch? Und du musst Jacob sein." Ich weiß, ich sollte an die seltsamen Dinge gewöhnt sein, die um die Jungen herum geschehen, aber das habe ich nicht erwartet. „Mein Name ist Ryan Boyle, und die bezaubernde Dame, die von hinten kommt, ist meine Frau Lulah May." Er lacht und ich weiß, dass er meine Gedanken liest: „O mein Gott, dies können nicht Lulah May und Ryan aus Onkel Jeds Geschichte sein." Sie lacht melodisch, was mich an Stormy erinnert, und ich weiß nun sicher, dass sie es sind. Sie sehen älter aus der der Rest des Clans. „Jacob, wie wäre es mit einer Tasse Kaffee?" Er führt uns in den Restaurantteil des Ladens und wir setzen uns. Sonst scheint hier niemand zu sein.

„Ja, Jacob, wir sehen älter aus, weil wir hier schon seit den Zwanzigern leben. Anfang des 20. Jahrhunderts war dies eine Boomtown, es wurden hier Gold und Silber gefunden und die Stadt wuchs. In den Dreißigern versiegten das Silber und das Gold und alle begannen wegzuziehen. Wir erkannten als Gruppe, dass es für die Suchenden nützlich wäre, wenn wir eine Verbindung zur Außenwelt hätten, und du würdest dich wundern, wie viele von ihnen hier auftauchen und nach Landkarten oder Essen oder Unterkunft suchen, und wir stellen sicher, dass sie sich klar werden, wonach sie wirklich suchen, und es finden."

„Soviel ich weiß, brauchst du eine Batterie und etwas Benzin. ‚Sie' übersteigt das Wissen der Jungs um Veränderung und nun braucht es ein wenig altmodische Wissenschaft."

„Lass uns deine Kreditkarten ausprobieren und schauen, was passiert."

Seltsamerweise habe ich das Gefühl, dass er weiß, was geschehen wird, und dass etwas überhaupt nicht stimmt mit meiner finanziellen Welt.

Während Ryan wegen der Batterie anruft, ziehe ich meine Brieftasche aus der Hose, das erste Mal seit Monaten, ich frage mich, ob Motten herausfliegen werden, wenn ich sie öffne. Ich nehme meine Kreditkarte heraus und er liest sie dem Mann im Laden mit den Batterien vor. Er scheint nicht im Geringsten überrascht, als sie abgelehnt wird und ich ziehe meine Bankkarte heraus und gebe sie ihm im Wissen, dass dort mindestens fünfzigtausend zur Verfügung stehen, und sie wird abgelehnt. Er dankt dem Mann und legt den Hörer auf. „Vielleicht solltest du deine Frau anrufen und herausfinden, was passiert ist."

Mit dem bleiernen Gefühl, das ich in den meisten Jahren meiner Ehe hatte, diesem Gefühl drohender Vernichtung, das jeden Tag wie ein Gewitter am Horizont dräute, das sein Verhängnis noch nicht auf die Erde geschleudert hat, aber beständig grollt, bevor es einschlägt, hebe ich ab und wähle.

Sie hebt ab. „Patty, hier ist Jacob."

„Jacob, du bist am Leben, ich habe mir solche Sorgen gemacht, und Stevie hat tagelang um dich geweint und dann sagte er, du habest angefangen, ihn jede Nacht zu besuchen und ihm gesagt, dass du bald kommst und ihn irgendwohin mitnimmst, wenn er mitkommen möchte. Und ich konnte nicht glauben, dass du noch am Leben bist, wo bist du gewesen und warum hast du nicht angerufen, du bist so rücksichtslos."

„Patty, ich hatte einen Autounfall und konnte nicht anrufen. Und was ist mit meinen Kreditkarten und dem Geld auf meiner Geldkarte passiert? Warum funktionieren sie nicht?"

„Jacob, sprich nicht in diesem gereizten Ton mit mir, du weißt, wie sehr ich das hasse. Im Übrigen dachte ich, als du dich nach sechs Wochen nicht gemeldet hast und wir nichts von dir gehört hatten, dass du vielleicht getötet oder gekidnappt oder endlich von Aliens entführt worden wärst, hehe, also habe ich deine Bank und deine Kreditkartenanbieter kontaktiert. Du hattest vergessen, mich als Begünstigte zu streichen, also habe ich ihnen gesagt, sie sollen die Karten bis auf Weiteres sperren und sagte, dass, weil Stevie dein Begünstigter ist und du mir Alimente und Kindesunterhalt schuldest …, ich habe sie dazu gebracht, mir alles zu geben, damit nichts mehr auf deinen Namen läuft, was gestohlen werden könnte. Ich finde, ich habe mich toll um alles gekümmert, was du vergessen hast, findest du nicht?"

„Patty, ich brauch eine neue Batterie für mein Auto, sonst komme ich nicht nach Hause."

„Nun, daran hättest du denken sollen, bevor du aufgehört hast anzurufen. Ist dir nicht klar, wie viele Sorgen ich mir machen würde? Aber die gute Nachricht ist, weil ich gemerkt habe, wie sehr ich dich vermisse, weiß ich, dass wir unsere Ehe wieder in Ordnung bringen können, weil ich nicht mehr denke, dass es mir egal ist. Ist das nicht wunderbar?"

„Kann ich eine deiner Kreditkarten benutzen, um die Batterie zu kaufen?"

„Weißt du, ich muss erst meinen Anwalt dazu befragen, bevor ich das zulasse; wenn du in zwei Tagen anrufst, habe ich Zeit, mich bei ihm zu melden und seine Empfehlung einzuholen, okay?"

„Okay, Patty, wir hören uns bald, tschüss."

Der Gesichtsausdruck von Ryan und Lulah May, die ein belustigtes Lachen unterdrücken, beschwichtigt ein wenig von der Wut, die ich so heftig empfinde.

Lulah May lacht leise. „Gut zu wissen, dass es da draußen jemanden gibt, dem du wirklich am Herzen liegst." Und da beginne ich zu lachen, halb hysterisch, halb erleichtert und absolut amüsiert über den Irrsinn, in den ich mit nur einem Telefonanruf halb zurückgekehrt bin. Jetzt verstehe ich die wissenden Blicke, die vor dem Kreditkartenfiasko kamen. „Ihr wusstet es, ihr Mistkerle, ihr wusstest es." Die Tränen, das Lachen und die intensive Freude, als ich erkenne, dass ich Ruth und die Jungs und den Rest der Leute an dem „Ort" habe, spülen Jahre fortdauernder Fremdheit weg, die, wie ich dachte, eine normale Ehe ausmacht. Ich weiß nun, dass

Gary M. Douglas

ich frei bin von der Illusion, die ich gelebt, geatmet und als real für mich angesehen habe, und ich weiß, dass die Liebe nicht alles besiegt und dass Schönheit nicht ewig währt und dass es, wenn man 150 Prozent gibt, einem nur jemanden beschert, der 200 Prozent und all dein Geld nimmt. Die Freude, die ich in jeder Pore meines Körpers und meiner Seele spüre, lässt mich vor Dankbarkeit schaudern, für das Geschenk, das diese irrsinnige kleine Unterhaltung mir beschert hat.

„Was soll ich jetzt tun, Ryan?"

„Jacob, erinnerst du dich an die Geschichte, wie Onkel Jed Gold gefunden hat, als er im Osten war? Hast du dir je die Frage gestellt, wie er das gemacht hat?"

„Um ehrlich zu sein, dachte ich, er hätte eine Maschine oder eine Wünschelrute oder irgendetwas, das ihn zu dem Gold geführt hat."

„Jungs, nehmt bitte dieses Fläschchen mit Goldnuggets und Jacob mit und führt ihn an den Bach bei der Devlins Point-Landzunge. Zeigt ihm, wie er darum bittet, dass Gold zu ihm kommt."

Die Jungs fassen mich an den Händen und plötzlich sind wir an einem kleinen Bach und ich kann nur annehmen, dass wir angekommen sind, weil es einen hohen Felsen gibt, der wie eine Landzunge aussieht.

„Okay, Mr. Rayne. Es geht so. Du weißt, wie du den Unterschied zwischen uns spürst, wenn du die Augen schließt? Nun, dies hier ist nicht wirklich anders. Die Gruppe wusste, dass du diese Fähigkeit haben würdest, als du uns so leicht unterscheiden konntest und weil du die Anzahl

117

der Leute an ‚dem Ort‘ sofort spüren konntest. Also nimm das Gold nun erst in die eine Hand und dann in die andere, bis du den Unterschied spürst, wie es mit und ohne ist. Als Hilfe haben wir eine identische kleine Flasche nur mit Sand gefüllt. Schließe deine Augen und wir werden die Fläschchen immer wieder austauschen." Während die Glasfläschchen zwischen meinen Händen hin- und herwandern, spüre ich plötzlich den energetischen Unterschied, den das Gold hat. „Jungs, ich hab's. Ich kann den Unterschied spüren."

Die Jungen gehen auf den Bach zu, und der Schnee, ein Schutzgebilde für den Boden, verschwindet in einem vier Meter großen Kreis, sobald die Jungen ihn berühren; er weicht sozusagen vor ihren Händen zurück.

„Okay, Mr. Rayne, jetzt musst du darum bitten, dass das Gold zu dir kommt, genauso wie du in der ersten Nacht nach uns gerufen hast, als du verletzt warst."

„Ich erinnere mich nicht, wie das war, Jungs." Plötzlich dringen ihre Gedanken in meinen Kopf und ich kann die Intensität fühlen, mit der sie in dieser Nacht meine Gedanken gespürt haben müssen. Es ist so fordernd und befehlend, mit einer Leidenschaft dringlichen Brauchens versehen, dass ich das Gewahrsein verabscheue, wie es geklungen hat. Die Jungs lachen und die Peinlichkeit, die ich fühle, verschwindet fast sofort.

„Das ist genau die Energie, mit der du das Gold zu dir rufen musst, Mr. Rayne, bitte einfach und du wirst empfangen."

Ich bücke mich und hocke mich sozusagen über den kalten, nackten Boden, der noch kurz zuvor von Schnee bedeckt gewesen war. Als meine Hände beginnen, über den Boden zu streichen, ist es, als hätten sie ein Eigenleben entwickelt, ich erinnere mich an die Nacht des Unfalls und diese Energie des „Brauchens", die die Jungs zu mir brachte, und als sie verschwinden, verspüre ich ein Ziehen an meiner Handfläche und ich höre auf und steigere das Gefühl von „Brauchen und Heranziehen" und der Sand unter meiner Hand beginnt zu zittern und vibrieren, als würde sich etwas Lebendiges hinausgraben. Plötzlich hört das Ziehen in der Handfläche auf und als ich hinunterschaue, liegt da ein kleines Goldnugget unter meiner Hand. Ich fange an, vor Freude zu jubeln, als die Jungen wieder auftauchen. Sie haben eine hölzerne, alte und in jedem Fall stabile Kiste bei sich, und sie hüpfen auch auf und ab und jubeln. Mich überkommt ganz deutlich der Eindruck, dass ich das Kind bin, das gerade gelernt hat, Fahrrad zu fahren und sie die Eltern, stolz und zugleich schockiert, wie leicht es ging.

Ich habe drei Tage völlig vertieft ins „Brauchen und Heranziehen" verbracht, und meine Kiste ist fast vollständig mit kleinen Goldbrocken und auch Goldsplittern gefüllt. Ich habe mehr Spaß von Sonnenaufgang bis Sonnenuntergang gehabt als irgendwann sonst in meinem Leben. Interessant, dass das nicht daran liegt, dass es Geld ist, sondern vielmehr am Spielen mit der Energie, so wie ein kleines Kind eine Sandburg baut, nicht um irgendetwas fertigzustellen, sondern einfach aus der reinen Freude daran, aus nichts etwas zu generieren und mit Stolz zurückzutreten und sich die eigene Leistung anzusehen.

Gott sei Dank sind die Jungs jeden Abend gekommen und Lulah May hat mir eine warme Suppe gemacht und ein bequemes Bett gegeben. Es erscheint seltsam, dass ich in diesen drei Tagen nur diese Suppe gegessen habe, und ich bin jeden Abend weniger schläfrig und rundum zufrieden. Seltsam, dass die Bedürfnisse, die ich zuvor immer in meinem

Leben gehabt hatte, irrelevant erscheinen, wenn das, was ich zu „essen" habe, die Energie der Erde und der Kälte und des Windes und der Sonne ist, egal, wie blass sie gerade scheint, und nichts ermüdet mich, ich bin einfach dankbar für den Segen, ein Geschenk, das die Erde auf mein Bitten hin bereitstellt.

Jeder Moment erscheint wie eine Ewigkeit und das „Brauchen und Heranziehen" funktioniert mit jedem Mal, in dem ich es anwende, leichter und besser. Die Goldsplitter, die an die Oberfläche kommen, sind einfach aufzunehmen, sobald ich herausbekomme, dass, wenn ich die Energie von Gold bin und darum bitte, ein Kraftfeld oder etwas Ähnliches kreiert wird, das das Gold dazu bringt, an meiner Haut zu kleben, bis ich den Energiefluss umdrehe und alles in die Kiste hineinfällt. Ich habe die letzten beiden Stunden damit verbracht, die Energie zu nutzen, jedoch keinen einzigen Zug verspürt, und selbst, als ich den weiter entfernten Schnee ausprobiere, gibt es keinen „Ruf" des Goldes an meine Hände oder von meinen Händen an das Gold.

Die Jungs erscheinen, wie an jedem Abend, wenn ich müde oder frustriert werde, seltsam, wie sie es immer wissen, und wundervoll. Mobiltelefone wären hier definitiv nicht viel wert, und die telepathischen Sendemasten können von Bergen oder Funklöchern nicht aufgehalten werden. „Okay, Mr. Rayne, offensichtlich hast du diesen Bereich vollkommen ausgeschöpft. Wir bringen die Kiste zu Onkel Ryan und holen dich dann."

Sie verschwinden, und ich setze mich auf den Felsen, der sich zum Ausruhen anbietet, und die Kälte kriecht in mein Gewahrsein und die Sonne versteckt ihr schönes Gesicht hinter den immer dunkler werdenden Wolken, die Schnee verheißen, und plötzlich merke ich, dass dies tatsächlich Schneewolken sind, und ich kann die Menge spüren, die Länge des Sturms, die Tiefe des Schnees und wie alle Elemente um mich herum sprechen. Die Moleküle der Luft selbst schenken ihr eigenes Gewahrsein und sprechen eine Sprache, die ich nun als neues und großartigeres Gewahrsein des Beitrags habe, der die Welt für uns ist, schon immer gewesen ist, und doch nur von den Weisen und den Sirenen und den Schamanen im Rest der Welt verstanden wurde. Wie erfüllt die Welt und mein Leben sich anfühlen!

Die Jungen tauchen auf, berühren meine Hände und wieder sind wir vor der Stadt.

„Warum müssen wir so weit laufen, Jungs? Es gefällt mir besser, wenn ihr mich vor dem Kanonenofen absetzt."

„Heute sind einige Suchende im Laden, also müssen wir total normal und zivilisiert sein, und Tante Lulah May sagt, du sollst nicht erzählen, was du gemacht hast. Sie hat eines der Häuser in der Seitenstraße geöffnet und erwähnt, dass einige Leute hier in der Stadt leben, meistens während des Sommers, damit sie dir keine Fragen zu deinem Auto stellen oder warum du zu Fuß gehst. Wir übernachten heute bei dir im anderen Haus, wir sind deine Neffen. Kannst du dir das alles merken?"

Die offensichtliche Freude, die die Jungs bei diesem Täuschungsmanöver haben, bringt mich zum Lachen und ich lasse sie telepathisch wissen, dass ich es begriffen habe.

„Wir dürfen dieses Zeug mit den Gedanken heute Abend nicht machen, weil da kriegen die Neuen Schiss, also tu es nicht, Onkel Jacob. Und von jetzt an bist du ein weiterer Onkel, okay?"

„Ja, Jungs, ich verstehe. Ich denke, ich kann das machen und werde mein Bestes geben."

Als wir den Laden betreten, steht Ryan auf und kommt vom Ofen her auf uns zu. „Jacob, komm herein und wärm dich auf, der Wetterfrosch sagt, wir bekommen einen ganz schönen Sturm." Und er zwinkert mir zu. Ich glaube, er meint, ich sei der Wetterfrosch.

„Ryan, was rieche ich denn da? Lulah Mays berühmte Suppe? Hat sie genug für mich und die Jungs?"

„Ich denke, sie hat genug für eine unbekannte Armee gemacht, die irgendwann heute Nacht eintrifft." Er lacht und sagt mir dann telepathisch, ich solle die Suchenden beobachten.

Ich gehe hinüber zum Ofen und da sind zwei Männer und eine Frau um die Dreißig. Sie sehen ein wenig erschöpft und besorgt aus. Die Frau ist möglicherweise jünger, ihr langes blondes Haar ist ein wenig fettig, als wäre es schon eine Weile nicht gewaschen worden. Einer der Männer ist ein langhaariger Hippie-Typ mit sandbraunem Haar und der andere ist ein schwarzhaariger Mann mit dunkler Haut, der aussieht, als habe er schwarze Vorfahren, und er hat die verblüffendsten blauen Augen, die ich je gesehen habe, erst recht bei seinem offensichtlichen ethnischen Hintergrund. Sie schauen mich und die Jungs misstrauisch an und ich kann die Gedanken in ihren Köpfen spüren. Sie fühlen sich extrem fremd, wissen nicht, warum sie hier sind und wünschen sich, sie könnten an Drogen oder Alkohol kommen, damit sie sich wohler fühlen. Ich gehe hinüber und strecke dem blauäugigen Mann meine Hand entgegen. „Hi, ich bin Jacob Rayne, und dies sind meine Neffen Rob und Roy, sie sehen nur aus wie Zwillinge." Der Scherz löst die Spannung und die drei entspannen sich ein bisschen. „Wie kommt es, dass ihr diesen Ort gefunden und hier gehalten habt?"

Blaue Augen lehnt sich vor und lächelt, die sanfte Seele, die die Augen angedeutet haben, bricht mit einem der wundervollsten Lächeln hervor, das ich je gesehen habe. Dieser junge Mann sollte Model oder Schauspieler sein, mit dieser Art von Schönheit. „Mr. Rayne, Sie sind lustig, und ich bin Alex, dies ist Charlie und das hübsche blonde Mädchen ist seine heimliche Liebe Blossom."

„Alex, ich finde dich auch lustig, denn die Energie, die zwischen den beiden fließt, ist so intensiv, dass dies wohl kein Geheimnis ist."

Blossom lächelt und die Energie der Zuneigung und Zuwendung zwischen ihr und Charlie verdreifacht sich, und offenbar ist sie dankbar, dass es keine Notwendigkeit zum Geheimhalten gibt. Ich frage mich, was bei den Dreien wirklich abläuft.

„Möchtet ihr drei mir und meinen Neffen Gesellschaft leisten zum Abendessen? Es ist einfache Kost, aber Lulah May ist die beste Köchin im Umkreis von hundert Meilen, also solltet ihr euch das nicht entgehen lassen."

„Mr. Rayne, wir möchten uns nicht aufdrängen oder die Zeit mit Ihrer Familie stören", sagt Alex, doch ich weiß von dem, was in seinem Kopf ist, dass dies nicht wirklich stimmt, er kann nur nicht glauben, dass ein Fremder sie einladen würde.

„Alex, Charlie, Blossom, die Jungs und ich würden uns geehrt fühlen, eure Gesellschaft beim Abendessen zu haben, ihr müsst euch vielleicht auch mit Lulah May und Ryan abfinden, aber wir versprechen, uns so wohlgesittet wie möglich zu verhalten und euch nicht mit wilden Geistergeschichten über unser kleines Dorf zu erschrecken."

Ihr Lachen sagt alles und Lulah May holt die Teller und das Besteck für eine leckere Mahlzeit heraus. Der Geruch backenden Brotes regt unseren Geschmacksknospen an und wir plaudern ziellos etwa eine Stunde lang, bis das Abendessen serviert wird.

„Ihr habt uns gar nicht erzählt, wie ihr in diesen gottverlassenen Winkel des Universums geraten seid", sagt Ryan. Viel zu viele Sekunden lang herrscht Stille, bevor Alex spricht. „Wir haben eigentlich in den letzten zwei Stunden unserer Fahrt gestritten. Blossom und Charlie wollen sich niederlassen und ein normales Leben führen und denken, alles, was sie in den letzten fünfzehn Jahren getan haben, war nicht normal, und dass Ehe und Kinder das Gefühl des Nirgendwohingehörens lösen werden, das uns alle plagt, seit wir Teenager waren. Und ich habe mich darüber ausgelassen, dass das nie funktionieren wird und dass man nicht aus seiner Haut kann, und dann waren wir zehn Minuten still, bevor wir das Schild sahen, auf dem stand: „Nötig, die Stadt, die ihr sucht", und ohne ein Wort bogen wir ab und sind hier gelandet. Ich weiß, es klingt komisch, aber es fühlte sich einfach richtig an und Charlie, Mr. Normal, war der Fahrer."

Ich sehe an der Energie, die um diese Leute herumwirbelt, dass sie alles sind, was ich war, bevor ich hierherkam, und mein Herz schwillt an mit dem Wunsch, es ihnen zu zeigen, und der Notwendigkeit, den Mund zu halten. Ryan denkt: „Nicht jetzt, Jake", und ich erkenne, dass sie mir vor all diesen Monaten alle Zeit gegeben haben, die ich brauchte, und es hat funktioniert, also wissen sie offensichtlich, wie sie Menschen die Hinweise geben, die sie brauchen, um zu ihrem eigenen Gewahrsein zu kommen.

Als Lulah May aufsteht, um den Tisch abzuräumen, sagt sie: „Jake, kannst du Alex heute Nacht unterbringen? Ich habe nur ein Zimmer, das für Charlie und Blossom reicht, und du hast ein Gästezimmer drüben in deinem Haus. Vielleicht können die Jungs schon gehen und die Kaminfeuer anzünden und alles warm genug für unsere Besucher aus dem Süden machen." Da, sie hat es getan, niemand hatte erwähnt, dass sie aus Südkalifornien stammen, sie hat es einfach auf eine Art einfließen lassen, die sie dazu bringen würde, sich zu fragen, ob sie oder ihr Nummernschild es verraten hatten oder ob etwas anderes vorgefallen war. Ich bin beeindruckt und frage mich, ob ich so geschickt sein werde, wenn ich an der Reihe bin. „Lulah May, ja, das ist eine gute Idee, Alex und wir Jungs in der Junggesellenwohnung. Können wir morgen zum Frühstück kommen?"

„Natürlich, Jake, wir werden so um acht was fertig haben."

„Jake", sagt Ryan, „kann ich ganz kurz mit dir sprechen, auf der Veranda, über deine Kiste, zu der wir Nachforschungen angestellt haben?"

„Klar, Ryan." Wir gehen auf die vordere Veranda, und die Stille dröhnt mit dem Frieden und dem Raum des strahlenden Weiß. „Jake, ich habe mal den Wert von dem Gold, das du gefunden hast, berechnet. Du hast jetzt knapp zweihunderttausend."

Ich lache so laut, dass ich schwören könnte, der Schnee hört auf zu fallen und horcht auf diese Unterbrechung der Stille, die das Lachen für ihn ist. „Nun ja, ich denke, ich habe genug, um mein Auto in Gang zu bringen."

„Ich glaube, du stehst wohl besser da als vorher, was meinst du, Jake? Übrigens, was hältst du davon, wenn ich es in kleinen Portionen zur Bank bringe, damit die Steuerbehörde nicht aufmerksam wird, und auch nicht deine Exfrau, und wir richten es so ein, dass niemand es in die Pfoten kriegt, wie klingt das?" Interessant, früher hätte ich die paranoide Ansicht gehabt, dass ich über so viel Geld die absolute Kontrolle behalten muss, aber wenn die Erde es mit solcher Leichtigkeit und Fülle schenkt, erscheint dies nicht mehr wie eine relevante oder reale Ansicht. „Das klingt perfekt, Ryan, danke."

„Lass uns lieber wieder reingehen und schauen, was die Truppe so macht."

Als Ryan und ich in die Wärme des Ladens zurückschlüpfen, erzählen die Jungen Alex, dass sie, wenn er brav ist, Onkel Jake dazu bringen werden, eine wirklich tolle Gutenachtgeschichte zu erzählen, die er spannend finden und die ihn glücklich machen wird. Die telepathische Verbindung sagt mir, dass dies meine Geschichte sein wird. Bin ich dafür bereit?

KAPITEL FÜNFUNDZWANZIG

Eine halbe Stunde später verlassen Alex und ich den Laden, die Jungs sind vorausgegangen, um die Feuer anzumachen, als müssten sie tatsächlich dort sein, um dies zu tun. Als wir durch die sanft herabsinkenden Schneeflocken stapfen und das Knirschen unserer Schuhe der einzige Anhaltspunkt ist, dass wir wirklich auf dem Planeten Erde sind, atmet Alex tief ein und seufzt: „Diese Stille", ein untrügliches Zeugnis des Mangels an Frieden im Leben und Geist dieses freundlichen Mannes.

Als wir das Haus betreten, schicken mir die Jungs eine Nachricht, wie ich meine Geschichte erzählen soll, nicht als Biografie, sondern als die mögliche Handlung für einen Roman.

„Alex, die Jungs haben dir eine Geschichte versprochen, wenn es dir also nichts ausmacht, im Schaukelstuhl in ihrem Zimmer zu sitzen, während ich sie erzähle, bist du herzlich eingeladen, oder ich kann dir dein Zimmer zeigen und dir ein gutes Buch geben."

„Jacob, ich denke, ich möchte mir gerne die Geschichte anhören, mein Vater hat mir früher immer Geschichten über die Tage nach den Nazis in Deutschland erzählt und wie schlimm das war. Gutenachtgeschichten handelten immer von Dingen, die hätten wahr sein sollen und es manchmal waren. Mein Vater war Deutscher und meine Mutter Krankenschwester. Mein Vater wurde in den Fünfzigerjahren in den USA geboren, aber seine Eltern wollten sichergehen, dass niemand je vergisst, was mit den Nazis geschah, und das Leid, das Deutschland durchmachte, nachdem sie verloren hatten. Die Familie meiner Mutter war aus dem Süden, und sie zogen nach Kalifornien, um dem Vorurteil zu entgehen, dem die Bürgerrechtsbewegung entsprungen war. Ich wurde während ihrer Hippie-Liebeszeit geboren, und mein erster Name ist eigentlich Dylan, aber er ist so typisch für die Hippiegeneration, dass ich meinen mittleren Namen benutze, damit ich den Schmerz nicht aushalten muss."

Erstaunlich, wie dieser junge Mann mir gerade alles, was ich hätte fragen können, in einer kurzen Unterhaltung vermittelt hat. Ich schaue die Jungs an und ihr Lächeln zeigt, dass sie mit seinem Verstand gespielt haben. Ich erwidere ihnen in Gedanken, dass sie es nicht übertreiben sollen. Ihr Lächeln wird noch breiter. Das kann ich wohl vergessen.

„Nun, Alex, die Geschichte für heute Abend ist eine Idee, die ich für einen Roman oder ein Drehbuch habe, und ich weiß nicht, wie ich das machen soll. Die Jungs haben schon den Anfang gehört. Jungs, soll ich da weitermachen, wo wir aufgehört haben, oder sollte ich Alex auf den aktuellen Stand bringen?"

„Onkel Jake, wir fanden den Teil so toll, den du gestern Abend erzählt hast. Wie wär's, wenn du den nochmal erzählst und du kannst ein paar Einzelheiten ergänzen, und so fühlt sich Alex nicht ausgeschlossen und wir können es auch genießen", sagt Rob.

Ich fange an zu erzählen, was mir am Anfang geschah. Ich erzähle es in der dritten Person, als hätte ich neben mir gestanden und wäre nicht wirklich an den Umständen beteiligt gewesen. Ich erzähle die Geschichte etwa eine Stunde lang und dann scheinen die Jungs eingeschlafen zu sein und ich schlage vor, dass wir uns aus dem Zimmer stehlen. Telepathisch haben mir die Jungs gesagt, dass es für diesen Suchenden heute Abend reicht.

„Nun, Alex, ich denke, du musst müde sein, also lasse ich dich jetzt schlafen gehen."

„Mmh, Jake, könnten wir vielleicht einfach ein bisschen reden? Deine Geschichte hat einige Dinge bei mir hochgebracht."

„Klar, Alex, worüber würdest du gerne reden?"

„Naja, mein ganzes Leben lang habe ich das Gefühl gehabt, es müsse einen solchen Ort geben, wie du ihn beschreibst, und ich habe immer das Gefühl gehabt, diese Sachen, die du da mit den Leuten mit ‚Superkräften' beschreibst – ich weiß kein besseres Wort – müsste es tatsächlich geben. Glaubst du an solche Sachen, hast du dir die Geschichte deshalb ausgedacht?"

„Ich glaube auf jeden Fall an das, was ich dir beschrieben habe, und außerdem habe ich einige Erfahrungen gehabt, wie Déjà-vus und telepathisches Gewahrsein, die meiner Geschichte entsprechen. Erwarte ich von anderen, dass sie es glauben? Nein, ich scheine nur schon immer gewusst zu haben, dass es noch mehr in der Welt geben müsste, ansonsten gäbe es kaum einen Grund weiterzuleben."

„Jake, genau so geht es mir. Ich habe in den letzten sechs Monaten meinen Tod geplant, weil ich einfach nichts finden kann, was mir ein Gefühl von Freude und Glück bringt, und die Beschreibung, die du von der Hauptfigur und seiner Ehe und der Hoffnungslosigkeit hast, das ist alles real für mich, das ist mein Leben. Einer der Gründe, aus denen Charlie und ich auf dem Weg hierher gestritten haben, ist, dass er von Blossom erwartet, dass sie die Quelle für das Glück ist, das er nie finden kann, genauso wenig wie ich, und ich habe ihm gesagt, das sei eine zu große Last für Blossom und die Kinder. Wie soll jemals jemand anders einen glücklich machen als man selbst?"

„Alex, ich verstehe das und stimme dir zu. Die Realität für mich ist, dass ich alles gefunden habe, wonach ich mein ganzes Leben gesucht habe, und es ist gleich hier, wenn man einfach nur darum bittet."

„Jake, ich glaube, jetzt ist ein guter Zeitpunkt, um ins Bett zu gehen."

KAPITEL SECHSUNDZWANZIG

Der nächste Tag verging, indem der Schnee die Suchenden in der Stadt festhielt, und es schien ihnen nichts auszumachen. Wir frühstückten und aßen zu Mittag und ich sah voller Staunen zu, wie Ryan und Lulah May Bomben in ihr Universum fallen ließen, und erinnerte mich auch daran, wie die Konzepte „des Ortes" mir zu Füßen gelegt wurden und dann musste ich die Teile einsammeln und mich an sie und die Menschen assimilieren.

Als die Nacht sich herabsenkt und der Schnee uns mit seiner freundlichen Stille ummantelt, nehmen die Jungen Alex' Hände und fangen an, ihn zum Haus zu führen. Ich frage mich, was sie energetisch mit ihm tun, denn er fängt an zu torkeln, als hätten ihn das eine Glas Wein und all das Wasser betrunken gemacht. Armer Typ, er hat ja keine Ahnung. Aber dann erinnere ich mich, wie ich vor einigen wenigen Monaten dieser arme Kerl war, oder vielleicht waren es einige hundert Jahre her.

Als wir das Haus betreten, prasseln die Feuer und das Haus ist so warm, dass man sich fast ausziehen muss. Ich lache, während Alex versucht, logisch zu erklären, wie das möglich ist, wo er doch in den letzten beiden Stunden mit mir und den Jungen zusammengesessen hat, aber entweder hat er es sich logisch erklärt oder akzeptiert bereits, was zu ergründen ich Wochen gebraucht habe. Natürlich war ich älter und von Natur aus sehr viel zynischer als Alex.

Die Jungs gehen schnell ins Bett und Alex folgt ihnen, er schaut über die Schulter, um zu sehen, ob ich auch komme, ich kann fast spüren, wie sein Geist sich mit meinem verbindet und dann bricht er die Verbindung ab und steigt weiter die Stufen zu dem Zimmer hinauf, das sein Schicksal besiegeln könnte.

Ich liebe es, ganz dramatisch zu werden und zu denken, etwas ganz Bedeutsames geschieht, während vielleicht einfach nur wieder eine Schneeflocke fällt.

Ich sitze im Stuhl und fange an, die Momente zu beschreiben, in denen mir klar wurde, dass ich bereits hier gewesen bin und dass ich diese Person kenne, deren Name Ruth ist, und ich spreche von dem gegenseitigen Kennen und der Präsenz und dem Geschenk des Verlangens und der Möglichkeit und wie ich erkenne, dass es jemanden auf der Welt gibt, der mein Wesen umfangen und mich in ihrer Welt willkommen heißen kann, als wären wir schon immer zusammen gewesen. Als ich meine Geschichte beende und die Zwillinge vorgeben, tief und fest zu schlafen, besonders während der Sexszenen, an denen sie am Anfang eindeutig Anteil gehabt hatten, schaue ich rüber zu Alex, um ihn zu bitten, das Zimmer zu verlassen und schaue mehrere Minuten zu, wie der Mann leise weint, und die Tränen von seinem Kinn fallen wie der Regen von den Blättern, ohne Groll oder Bedürfnis, sondern hervorgerufen durch etwas, das möglicherweise großartiger ist, einem Gespür davon, dass das, was ist, werden kann.

Wir verlassen das Zimmer, ein stilles Gewahrsein der Bedürfnisse der Jugend, oder zumindest würden wir uns das einreden, um das Maß an Wahrnehmung zu rechtfertigen, das gerade geschehen ist und geschieht. Die Tränen fließen immer noch und Alex scheint nicht peinlich berührt zu sein, sondern vielmehr erleichtert.

„Also, was ist los, Alex?"

„Jake, du hast gerade beschrieben, wonach ich in den letzten sechs Jahren meines Lebens gesucht habe. Dieser Traum, von dem du sprichst, nun, in den letzten sechs Jahren habe ich jede Nacht in meinen Träumen nach dem Mädchen gesucht, das Jessie heißt, die mich immer zu sich nach Hause einlädt, obwohl ich nie ganz kapiere, wo ihr Zuhause ist, und ich suche nach dem schwarzen Haar und den blauen Augen, die meine im Vergleich dazu leblos und stumpf erscheinen lassen, und ich spüre die Becken und die Empfindungen und wache jeden Morgen in der Erwartung auf, irgendwo zu sein, wo sie ist, und ich möchte immer wieder erneut einschlafen, um es wieder tun zu können. Sechs Jahre feuchter Träume und keine Realität. Allein zu wissen, dass jemand anders diese Ansicht hat und dass es wirklich klappen könnte, ist das Beste, was ich seit Jahren gehört habe, und ich fühle mich auf eine Art bestätigt, die überhaupt keinen Sinn für mich ergibt. Aber du sollst wissen, dass diese beiden Abende und die Geschichte, die du schreibst, sind, als hörte ich von dem, was ich weiß, dass es existieren muss, das sonst keine Person auf der Welt als möglich oder auch nur ansatzweise als echte Möglichkeit formuliert hat. Ich hoffe, du erlaubst mir, dir meine ewige Dankbarkeit für den Frieden zu schenken, dass ich einfach weiß, eine andere Person auf der Welt hat die Bereitschaft zu glauben, dass das, was für mich real ist, tatsächlich real sein könnte. Danke."

Mit diesen Worten geht er zu Bett und ich spüre, dass heute Abend etwas sehr Wichtiges geschehen ist und dieser Mann sich tatsächlich sehr bald unserer Gruppe anschließen wird. Ich frage mich, wie die anderen sich fühlen und plötzlich weiß ich, dass die siebenundsechzig es mitbekommen, und sie lassen mich wissen, dass der morgige Tag sein und mein Leben verändern wird.

KAPITEL SIEBENUNDZWANZIG

Es ist Morgen und es hat aufgehört zu schneien. Die Ruhe und Stille sind zutiefst beruhigend. Ich ziehe mich für die Kälte des bevorstehenden Tages an. Es ist verwunderlich, dass ich nun immer im Moment des Aufwachens auf das vorbereitet bin, was an jedem Tag geschehen wird. Wenn man aus dem Gewahrsein von allem, das einen umgibt, handelt, gibt es keinen Zufall, und gleichzeitig ist die Fülle jeden Moments und jeden Tages auch die fortwährende, expansive Freude der Erkundung. Ich schaue aus dem Fenster und die Hauptstraße sieht aus, als wäre der Schneepflug schon gefahren, aber nachdem ich keine Maschine gehört habe und die Fähigkeiten der Gruppe kenne, erkenne ich, dass sie den Schnee irgendwie eingeladen haben, sich zu bewegen, ganz so, wie ich das Gold einlud, mich zu besuchen.

Die Jungs sind auf einmal an meiner Seite und sie greifen meine Hände und wir sind plötzlich kurz vor der Stadt. Da steht meine süße T-Bird, und ein hübsches Mädchen mit rabenschwarzem Haar und tiefblauen Augen sitzt auf dem Beifahrersitz des laufenden Wagens. Als ich zur Fahrerseite gehe, schnurrt das laufende Auto wie der Tiger in seinem Tank, den ich so liebe, und Hitze strömt von dem Auto in einer Intensität aus, die sie nie zuvor gehabt hatte. Das Mädchen streckt seine Hand aus und sagt: „Hi Jake, ich bin Jessica."

Heilige Scheiße, jetzt verstehe ich, was die siebenundsechzig meinten, als sie sagten, der heutige Tag würde Alex verändern. Gott weiß, dass ich mich gerade verändert habe. Ich merke, dass dieses schöne Mädchen aussieht wie Norma Lea, und als sie meine Gedanken liest, ist ihr Lachen genau wie das ihrer Mutter. Ich fühle eine immense Freude, als ich das Leben spüre, das Alex bevorsteht.

Die Jungs verschwinden und ich spüre, wie sie Alex aufwecken und ihn ans Fenster bringen, damit er nach draußen schaut. Ich habe das Auto in meiner „Geschichte" erwähnt, und als ich auf das Haus zufahre, verschwindet der Schnee auf der Straße, in der ich „wohne". Wir fahren vor dem Haus vor, die Tür geht auf und Alex stürzt heraus, barfuß und in Boxershorts, die Kälte ist in seiner Welt noch nicht einmal eine Möglichkeit, als er auf das Auto zuläuft, und Jessie steht auf und umarmt ihn mit einer Liebkosung des Seins, die so innig und freudig ist, dass ich mich abwenden und nicht hinsehen möchte und es nicht kann, und ich weiß, es gibt keine Möglichkeit, nicht zu wissen, wie sie sich fühlen und welche Gedanken sie mit einem Maß an Präsenz teilen, für das ich Monate gebraucht habe. Er hebt sie aus dem Wagen und bewegt sich weg vom Auto, den Jungs und mir, hinein in das Haus, das in den nächsten Monaten ihre Zuflucht sein wird.

„Nun, Jungs, meint ihr, dass alles in Ordnung geht für sie und wir sie irgendwann wieder sehen?"

Das Kichern, das von ihnen ausgeht, und das Glitzern in ihren Augen ist die Bestätigung, dass sie Dinge sehen und hören, die noch nicht einmal ich sehen und hören kann.

Wir steigen ins Auto und ich fahre die Jungen zum Gemischtwarenladen; das Vergnügen in ihrer Welt verleiht mir dasselbe Hochgefühl, das ich an dem Tag hatte, als sie mir mein Auto übergaben. Ryan und Lulah May stehen mit Blossom und Charlie auf der Veranda und haben die Hälfte des Wortwechsels mitbekommen. Ihre Gedanken sind so, als lese man in einem Buch mit großen Buchstaben, und sie haben beide das Mädchen Jessie gesehen, und offenbar hat Alex viel und ausführlich mit ihnen gesprochen, also wissen sie, was geschehen ist. Ryan lässt mich wissen, dass sie genau angegeben haben, was sie brauchen, und sie haben die ganze Nacht über „den Ort" gesprochen und sie wissen auch, was wirklich wahr und möglich ist, und werden die Bedürfnisse des Normalen für das Geschenk, das sie nun sein können, hinter sich lassen. Meine Welt fühlt sich an, als habe sie sich um 300 Prozent erweitert, weil diese drei sich dieser Gruppe von Menschen angeschlossen haben, die „den Ort" besiedeln.

Mein Gewahrsein ist auf eine seltsame Art gewachsen, die ich nicht beschreiben kann, und plötzlich kann ich meinen Sohn weinen hören und die Wut, die seine Mutter gegen ihn richtet, die nichts mit ihm zu tun hat, und erkenne, dass ich nun aufbrechen und zu ihm zurückkehren muss, damit er lebt und überlebt.

Ruths Gedanken erfüllen mich mit der Einladung, zu ihr zurückzukehren. Ich möchte gar nicht weg und doch weiß ich, dass ich muss. Es gibt kein Gefühl von Ablehnung oder Vorwurf oder gar Verkehrtheit, dass was ist, ist, was es für mich ist. Sie ist ihre wunderbare Freundlichkeit und die Gabe für mich und sie und die Gruppe und „den Ort".

Ich hasse es, gehen zu müssen, weiß aber, dass ich es muss; für mich zumindest erfordert die Verpflichtung, die man eingeht, wenn man Kinder bekommt, eine Beständigkeit des Beitragens ohne Ende und ohne Groll. Ich beginne zu beten, dass seine Mutter ihn mir irgendwie überlässt, und der Schrecken dessen, was ich tun oder sagen muss, das sie dazu bringen könnte, sich zu ändern, ist wie ein Feuer, das von unten aus erlischt, wenn die Überschwemmung das Haus von unten erfasst. Es fängt einfach an, zu zischen und zu erlöschen, ohne eine Hoffnung darauf, dass der Wind oder Holz oder Papier es am Leben erhalten werden. Plötzlich spüre ich von allen am „Ort", auch den Neuankömmlingen, die Unterstützung der Möglichkeiten, die die Bereitschaft zu scheitern zugunsten des Wissens in kleine Stückchen reißen, dass alles verändert werden kann, wenn man bereit ist, aus der Freude zu leben, die die Erde und das Universum schenken, und dass, egal, was geschieht, es etwas geben wird, das zu etwas führen wird, das großartiger ist, als was unsere Erfahrung als wahr behaupten kann zugunsten des Universums, das uns schenkt, worum wir bitten, aber wir müssen den Mut haben, darum zu bitten.

Ich parke das Auto im Schuppen neben dem Laden, der früher eine Werkstatt für Mechaniker war, und gehe mit den Jungs zum Geschäft.

Ryan und Lulah May lächeln dieses nervtötende, wissende Lächeln, das verrät, dass sie Bescheid wissen, und sie schicken mir die Information, dass ich jetzt zu Ruth gehen muss, um mich zu verabschieden. Die Jungs nehmen meine Hände und wir schmelzen von „Nötig" zum „Ort". Der ganze Clan ist dort und jeder Einzelne schickt mir den Frieden der Fürsorglichkeit und das Gewahrsein, dass auch sie immer wissen, was zu tun ist, wenn es zu tun ist.

Ruth nimmt meine Hand und wir beginnen, auf die Becken zuzugehen, und die Gedanken, die zwischen uns hin- und hergehen, sind schneller und vollständiger und großzügiger in ihren Möglichkeiten, als ich je für möglich gehalten habe. Ich weiß, ich werde diese Art von Momenten vermissen und im selben Moment erkenne ich auch, dass dies nicht wirklich möglich ist. Die Wahrheit ist, dass diese Art von Verbindung alle Zeit und Raum durchdringt und jene beschenkt, die mit absoluter Leichtigkeit empfangen, wann immer sie das Bedürfnis haben. Eine Art telepathisches „Brauchen und Heranziehen" für die Seele.

KAPITEL ACHTUNDZWANZIG

W ir verbringen den Rest des Tages, indem wir durch den Wald wandern, die Sonne und die klare Winterluft genießen, und nun sind wir zu meiner kleinen Hütte zurückgekehrt. Das Feuer prasselt und das Bett erwartet uns. Ich weiß und sie weiß, dass dies vielleicht die letzte Nacht ist, die wir zusammen haben werden, o Gott, kann sie ewig andauern?

Sie legt sich aufs Bett, ihre Kleider gleiten durch die unsichtbaren Hände meiner Bitte von ihrem Körper. Meine Kleider fallen durch ihre Bitte zu Boden und ich streife sie ab. Ich setze mich neben sie aufs Bett und wünsche mir, mich mit jeder Faser ihres Seins anzufüllen; ich beginne, meine Hände auf ihren Körper zu legen und berühre die Energie, die sie ist. Das intensive Verlangen, sie in mir und nicht nur meinem Körper zu haben, hinterlässt einen Schmerz, den ich nicht erklären kann. Etwa drei Zentimeter über ihrem Körper beginne ich, ihre Energie zu berühren und zu streicheln, und die Dunkelheit des Raumes ändert sich, als der Lichtbogen aus kleinen Blitzen von ihrem Körper

zu meiner Hand hochschießt, und die Elektrizität erregt
die Elektrizität meines Körpers mit dem Verlangen, diesen
süßen Funken des Lebens in mir und meinem Körper zu
besitzen. Die elektrischen Funken, die in der Dunkelheit
einen Bogen bilden, verleihen der Luft um uns herum
einen Blaustich und wir spüren beide das Verlangen, unsere
Körper zusammenzubringen und wieder die Verbundenheit
absoluten Orgasmus' zu haben, der größer ist als der Körper
und mehr als die Erde. Ich streichle weiter ihren ganzen
Körper und der Blitz führt zu immer größerer Erregung, und
unsere Körper beginnen, in ihrem ganz eigenen Rhythmus
zu schwingen. Das Verlangen und das Bedürfnis, unsere
Körper zusammenzubringen, steigt auf und spült die
Momente weg, die verharren und sich erweitern. Winzige
Orgasmen schütteln ihren Körper, als das „Brauchen und
Heranziehen" stärkere Lichtbögen von ihrem zu meinem
Körper bewirkt. Wir machen dies nun schon fast eine Stunde
und die Elektrizität bewirkt eine immer stärkere Verbindung
zwischen uns, als seien wir nichts als die Ansammlung
tausender Kernfusionen, die zusammenkommen, um unsere
Energien und unseren Körper zu erweitern.

Schließlich können wir nicht länger warten, ich erhebe mich
über ihren Körper, und als ich anfange, mich auf ihre köstliche
Raumigkeit zu senken, die ich noch nicht einmal berührt habe,
entspringt meinem gesamten Körper ein Blitz und liebkost
ihren ganzen Körper mit einem Feuersturm, der zwischen
uns von einem Ende zum anderen tobt, und ich dringe in
sie ein und explodiere mit einem Orgasmus, der uns beide
ans andere Ende des Universums und zurück bringt, und wir
schreien – und sind eins – mit den Wölfen und Kojoten und
den Vögeln der Nacht und allen lebendigen, atmenden Felsen
und Bäumen und Schneeflocken auf der Welt.

KAPITEL NEUNUNDZWANZIG

Es ist Morgen, und die Jungs sind gekommen und haben mich und Ruth zum Gemischtwarenladen und meinem Auto gebracht. Wir erklimmen die Stufen zum Geschäft, mein Herz ist zugleich voll und am Boden zerstört vor Verlangen nach dem, was ich hinter mir lassen muss, und die Fürsorge, die sie schenkt, nimmt das Verlangen hinfort, nur, um es ums Zehnfache zu steigern.

Ryan kommt mit einem Päckchen auf mich zu. „Hier sind zwanzigtausend von dem Geld, das du hast, mach dir keine Sorgen, du kannst nicht überfallen werden, wenn du gewahr bist und jedermanns Gedanken hören kannst. Wir werden uns eher wiedersehen, als du denkst, und ,der Ort' wird dich rufen, wenn es an der Zeit für dich ist zurückzukehren. Da ist auch noch ein bisschen Essen drin, das dich glücklich machen wird, denkt Lulah May. Mach dir keine Gedanken, mein Freund, du kennst das ,Brauchen und Heranziehen', und das wird dir immer weiterhelfen." Das laszive Lächeln auf den Gesichtern der Menge bringt meine Seele zum Lachen. Wie seltsam es doch ist zu wissen, dass es keine Geheimnisse oder geheimen Momente vor diesen wundervollen Menschen gibt.

Alex und Jessie kommen in den Laden. Ich sehe an ihrem Gesichtsausdruck, dass sie auch meine Momente der gestrigen Nacht genossen haben.

„Jake, danke für die Lektion gestern Nacht. Deine Gutenachtgeschichte, ja, ist schon klar, dass das ein Vorwand war, hat mir geholfen, in den Genuss von gestern Nacht einzusteigen. Offensichtlich waren wir nicht die einzigen, die das Glück gehabt haben, die letzte Nacht zu genießen."

Das Lachen in der Gruppe ist beruhigend, wie wenn man Freunde hat, die Spaß an einem anzüglichen Witz haben, aber das hier ist sogar noch toller.

Ich weiß, dass es an der Zeit ist zu gehen. Ich drehe mich ohne ein Wort des Abschieds um, denn es gibt kein Ende, wenn man diese Art von Verbindung hat, und gehe zum Auto. Es startet mit der Schönheit des Neuseins und die Tür schließt sanft und sacht. Ich fahre aus der Werkstatt und biege auf die Straße dorthin ein, wohin ich nicht gehöre, weg von allem, was mir mich gegeben hat.

Als ich am Laden vorbeifahre, winkt die ganze Gruppe, nicht zum Abschied, sondern eher mit dem Gefühl, dass alles durchs Fortgehen viel großartiger sein wird. Ruth hat keine Tränen, nur diese sanfte, freudige Gelassenheit, die meine Seele seit unserer allerersten Begegnung genährt hat.

Als ich durch das Weich des Neuschnees fahre und beobachte, wie die Nadeln in den Pinien die Schneewehen unten mit eisiger Schönheit bestäuben, spüre ich, wie das Geschenk von Ruth und den anderen und „dem Ort" mich mit allem verbindet, was ich geworden bin, und allem, was ich bin, das ich immer vermisst hatte, bevor ich hierherkam. Ich weiß, dass ich es nie vergessen werde und dies als die Zeit sehen werde, in der ich mich selbst und die Möglichkeiten von allem auf der Welt fand, die von nun an Teil meines Lebens sind. „Lebt wohl, ihr wunderbaren Menschen, danke für die Geschenke, die ihr mir gemacht habt. Das Geschenk von euch und von dem, was wirklich möglich ist im Leben, und vor allem das Geschenk von mir."

KAPITEL DREISSIG

Ruth steht auf der Veranda, als Jacob davonfährt, ein Lächeln huscht über ihr Gesicht, als sie seinen Abschied spürt. Ihre Hand ruht auf ihrem Bauch und sie streichelt ihn sanft. „Danke, Jacob, für das Geschenk von dir, du hast mir mich geschenkt. Ich hoffe, dass du deinen jüngsten Sohn eines Tages sehen wirst, aber er ist nun mein und ich werde ihn Donner nennen."

Sie lacht und die anderen hören sie und lachen mit ihr. Das Geheimnis, nur für sie, nur zum Spaß, und wir werden keinem etwas erzählen.

Ende – vorerst …

Milton Keynes UK
Ingram Content Group UK Ltd.
UKHW042146150524
442688UK00001B/24